CATALOGUE

DE LA

BELLE COLLECTION

D'ESTAMPES

ANCIENNES & MODERNES

DES ÉCOLES

FLAMANDE, ITALIENNE, FRANÇAISE, ANGLAISE, ETC.

Formant le Cabinet de feu M. L***, de Marseille *Lauzet*

DONT LA VENTE AURA LIEU

PAR SUITE DE SON DÉCÈS

HOTEL DES COMMISSAIRES-PRISEURS

RUE DROUOT, 5

SALLE N° 3, AU PREMIER ÉTAGE

Les Lundi 8, Mardi 9, Mercredi 10 et Jeudi 11 Décembre 1862

A 1 HEURE 1/2 TRÈS-PRÉCISE

———

M° **DELBERGUE-CORMONT**, Commissaire-Priseur, rue de Provence, 8;

Assisté de **M. CLEMENT**, M^d d'Estampes de la Bibliothèque Impériale, rue des Saints-Pères, 3,

Chez lesquels se distribue ce Catalogue.

———

EXPOSITION PUBLIQUE

Le Dimanche 7 Décembre 1862, de une heure à quatre heures.

—

1862

ORDRE DES VACATIONS

1ʳᵉ VACATION. — *Lundi 8 Décembre 1862.*
Nᵒˢ 1 à 200.

2ᵉ VACATION. — *Mardi 9 Décembre.*
Nᵒˢ 201 à 400.

3ᵉ VACATION. — *Mercredi 10 Décembre.*
Nᵒˢ 401 à 600.

4ᵉ VACATION. — *Jeudi 11 Décembre.*
Nᵒˢ 601 à 828.

CONDITIONS DE LA VENTE

Elle sera faite au comptant.

Les Acquéreurs paieront, en sus du prix d'adjudication, CINQ pour CENT, applicables aux frais.

DÉSIGNATION

DES

ESTAMPES

ANDERLONI (Pietro)

1 — Moïse défendant les filles de Jethro, d'après le Poussin. *Colnaghi · № 180*   155 Cl —

Très-belle épreuve avant la lettre, seulement le titre et les noms d'auteurs tracés.

2 — La Femme adultère, d'après le Titien.   80 Cl

Très-belle épreuve avant la lettre, seulement le titre et les noms d'auteurs tracés.

3 — Le Jugement de Salomon, d'après Raphaël.   110 Goupil

Superbe épreuve avant toutes lettres. Elle a toute sa marge.

4 — La Vierge aux anges, d'après le Titien.   75 Cl

Très-belle épreuve avant toutes lettres, elle a toute sa marge.

ANDERLONI (Faustino)

5 — Sainte Famille, d'après le Poussin.   20 Cl

Très-belle épreuve avant la lettre, elle a toute sa marge.

ARISTIDE (Louis)

6 — Mignon aspirant au ciel. — Mignon regrettant la patrie. Deux estampes faisant pendants, d'après A. Scheffer.

Très-belles épreuves d'artiste, avant toutes lettres, sur papier de Chine, portant le n° 20. Très-rares.

7 — Napoléon, empereur, d'après P. Delaroche.

Belle épreuve avant la lettre, sur papier de Chine.

AUDRAN (Gérard)

8 — Le Jugement de Salomon, d'après A. Coypel.

Très-belle épreuve. Collection Debois.

9 — La Femme adultère, d'après N. Poussin.

Très-belle épreuve du premier état avec la lettre, avant les points dans la marge à la droite de l'estampe.

10 — Le Portement de croix, d'après Mignard.

Très-belle épreuve du premier état, avant la lettre et la dédicace. Extrêmement rare.

11 — Jésus-Christ remettant les clefs à saint Pierre, d'après Raphaël.

Très-belle épreuve du premier état, avant l'adresse. Collection H. de La Salle.

12 — La Descente du Saint-Esprit sur les Apôtres, d'après Ch. Lebrun.

Belle épreuve.

13 — La Mort d'Ananie, d'après Raphaël.

Belle épreuve.

14 — Mort de saint François, d'après Annibal Carrache.

Belle épreuve.

15 — Martyre de saint Laurent, d'après E. Lesueur.
Ancienne et belle épreuve.

16 — Saint Paul prêchant à Athènes, d'après Raphaël.
Très-belle épreuve. Collection H. de La Salle.

17 — Saint Paul et saint Barnabé à Lystre, d'après Raphaël.
Belle épreuve.

18 — Saint Pierre marchant sur les eaux, d'après Lanfranc.
Belle épreuve du premier état, avant l'adresse : *A Paris.... Piliers d'Or*, sous le trait carré. Collection P. Visscher, de Bâle.

19 — Martyre de sainte Agnès, d'après le Dominiquin.
Ancienne et belle épreuve.

20 — Sainte Françoise implorant la justice divine, d'après N. Poussin.
Superbe épreuve avant la lettre. Rare.

21 — La Dévotion au rosaire, d'après le Dominiquin.
Ancienne et belle épreuve.

22 — Le Temps qui enlève la Vérité, d'après le Poussin.
Très-belle épreuve du premier état avant la draperie.

23 — LA PESTE D'EAQUE, d'après le Poussin.
Superbe épreuve du premier état, avant les mots : *Petrus Mignard trecencis. In. et pinxit. Gérard Audran, sculps. et exc. cum privil. regis. A Paris, rue Saint-Jacques, aux deux Piliers d'Or.* Ces mots se trouvent placés au coin du bas à gauche de la terrasse. Elle est remargée. Collections Daudet, Scitivaux et Debois.

24 — La même estampe.
Ancienne épreuve.

25 — Achille découvert par Ulysse, d'après Annibal Carrache.

Très-belle épreuve du premier état, avant la lettre. Collection H. de La Salle.

26 — Jésus-Christ au jardin des Oliviers, d'après le Dominiquin.

Belle épreuve.

AUDRAN (Benoît)

27 — Maladie d'Alexandre, d'après E. Lesueur.

Très-belle épreuve.

AUDRAN (Benoît et Jean)

28 — Six sujets de l'histoire d'Alexandre, d'après Lebrun. Suite de six estampes.

Superbes épreuves. Collection Vanden Zande.

BAILLU (Pierre de)

29 — Réconciliation d'Esaü et Jacob, d'après Rubens (Basan, 14 des sujets de l'Anc. Test.).

Très-belle épreuve du premier état, avant l'adresse de *Gaspard de Holander*.

30 — Jésus au jardin des Oliviers, d'après Rubens (Basan, 66 des sujets du Nouv. Test.).

Très-belle épreuve.

31 — Enlèvement d'Hipodamie, ou le combat des Lapithes, d'après Rubens (Basan, 15 des sujets de la Fable).

Superbe épreuve.

32 — Renaud et Armide dans la vallée enchantée, d'après Van Dyck.

Très-belle épreuve avec l'adresse de *Romboudt Van de Velde excudit*. collection Gawet.

BALECHOU (Jean-Joseph)

33 — Sainte Geneviève, patronne de Paris, d'après Carle Van Loo.

Épreuve avant toutes lettres, et avec beaucoup d'essais de burin dans la marge du bas; elle est doublée.

34 — La même estampe.

Belle épreuve avant que le jupon ait été raccordé, avant l'adresse de l'auteur et avant les raies sur les lettres.

35 — La Tempête, d'après Joseph Vernet.

Superbe épreuve du premier état, avec la faute au mot compagnie: écrit *Compagine* dans la quatrième ligne du titre et avant l'adresse de Buldet.

36 — La même estampe.

Belle épreuve avec le mot *Compagnie*, mais avant les raies et aussi avant l'adresse de Buldet.

37 — Le Calme, d'après J. Vernet.

Belle épreuve avant les raies et l'adresse d'Arnavon.

38 — Les Baigneuses, d'après J. Vernet.

Très-belle épreuve.

BARGAS (A.-F.)

39 — Halte de cavaliers à la porte d'un cabaret.

Belle épreuve. Collection Vanden Zande.

BAROCHE (Frédéric)

40 — L'Annonciation (B. 1).

Superbe épreuve. Extrêmement rare à trouver de cette beauté. Collection Vanden Zande.

BARY (H.)

41 — Le Printemps et l'Été qui s'embrassent, d'après
A. Van Dyck.
Belle épreuve.

BAST (Pierre)

42 — La Parabole du semeur.
Belle épreuve. Collection Vanden Zande.

BAUDET (Étienne)

43 — Moïse frappant le rocher, d'après le Poussin.
Belle épreuve.

BEAUVARLET (Jacques-Firmin)

44 — Les Couseuses, d'après Guido Reni.
Très-belle épreuve du premier état, avant toutes lettres; signée du graveur.

45 — La Confidence, d'après Carle Vanloo.
Très-belle épreuve du premier état, avant toutes lettres; signée du graveur. Collection Vanden Zande.

46 — Les Soins maternels, d'après Greuze.
Très-belle épreuve avec l'adresse du graveur. Collection Vanden Zande

BENUCCI (Vincenzio)

47 — Les trois Parques, d'après Michel-Ange.
Belle épreuve avant la lettre. (Lettres tracées.)

BEISSON (Étienne)

48 — Sainte Cécile, d'après Raphaël.
Belle épreuve d'artiste, avec les noms à la pointe.

BERNARDINI (J.)

49 — Les Disciples d'Emaüs, d'après A. Appiani.

Belle épreuve avant la lettre; elle a toute sa marge.

BERVIC (Charles-Clément)

50 — Saint Jean dans le désert, d'après le tableau de Raphaël, à la galerie de Florence.

Très-belle épreuve d'artiste, avec les noms à la pointe. Collection Thorel.

51 — Laocoon et ses deux enfants enveloppés par deux énormes serpents, d'après un groupe antique.

Très-belle épreuve d'artiste, le nom de Bervic tracé à la pointe dans le milieu de la marge du bas.

52 — Le Repos, d'après Lépicié.

Superbe épreuve avant toutes lettres et les armes, et avec des essais de burin dans la marge du bas.

BINET (Louis)

53 — Le Ménage ambulant, d'après Greuze.

Belle épreuve avant toutes lettres et les armes. Collection Vanden Zande.

BISI (Michele)

54 — La Madone de saint Antoine, d'après B. Luini.

Belle épreuve avant la lettre.

BLANCHARD (Auguste)

55 — Tête de Christ. — L'Ange Gabriel, d'après P. Delaroche. Deux pièces faisant pendant.

Belles épreuves d'artistes sur papier de Chine. A la première, la signature du graveur.

BLOEMAERT (Corneille)

56 — L'Adoration des bergers, d'après Raphaël.

Superbe épreuve, avant l'adresse de : *Jo. Jacobus de Rubeis formis ad templum S. M. de Pace*, à la suite du mot *licentia*. Collection Debois.

57 — La Sainte Famille, dite la Vierge aux lunettes, d'après Annibal Carrache.

Très-belle épreuve du premier état, avant l'adresse de : *Jo. Jacobus de Rubeis formis ad templum S. M. de Pace*, à la suite du mot *licentia*, portant au verso la signature de *P. Mariette 1669*, et provenant de la collection Debois.

58 — La Sainte Vierge assise, tenant sur ses genoux l'Enfant Jésus qui embrasse le petit saint Jean. Derrière elle, à gauche, saint Joseph et sainte Anne. Estampe gravée en hauteur, d'après François Mazzuoli, dit *le Parmesan*.

Très-belle épreuve du premier état, non décrit, avant la lettre et les armes. Très-rare. Collection Vanden Zande.

59 — Saint Pierre ressuscitant Tabite, d'après le Guerchin.

Superbe épreuve avec le : *Cù privil, S. C. Mtis et Regis Christmi Ramœ Superiorũ licentia*. Collection Debois.

60 — Saint Ignace à genoux devant Jésus-Christ, d'après Abraham Bloemaert.

Très-belle épreuve.

61 — Le Révérend père Dom Martinus, jésuite.

Très-belle épreuve, portant au verso la signature de *P. Mariette 1674*, et provenant de la collection Vanden Zande.

62 — Le Mangeur de jambon, d'après G.-N. Hontorst.

Très-belle épreuve, provenant de la collection Vanden Zande.

63 — Le Joueur de cornemuse, d'après Abraham Bloemaert.

Très-belle épreuve.

BLOTELING (Abraham)

64 — Anthony Earle of Shaftesbury, chancelier d'Angleterre, d'après Greenhill.

Superbe épreuve d'un portrait rare.

65 — Portrait de Eybert Meesy Kortenaer, amiral hollandais, d'après Bartholomé Vander Helst.

Superbe et très-rare épreuve du premier état, avant les mots : *et excudit*, à la suite du mot *sculpsit*. Collection Vanden Zande.

66 — Portrait de Martin Tromp, amiral de Hollande, d'après P. Lely.

Superbe épreuve, avec marges.

67 — Govaert Flinck, d'après Zyll.

Belle épreuve.

68 — Sacrifice, d'après Gérard de Lairesse.

Superbe épreuve du premier état, avec l'adresse de : *Ex Formis Nicolai Visscher cum Privil. Ordini Gen. Belgii Fœderati*.

BLOTELING (Attribué à Abraham)

68 bis — L'Adoration des Mages, d'après Rubens. Belle estampe gravée en manière noire et non décrite par Basan.

Superbe épreuve, avant toutes lettres. Collection Arch. de Milan.

BOISSIEU (Jean-Jacques de)

69 — Portrait de Boissieu (Catalogue Rigal 1).

Première et très-belle épreuve, avec le portrait de la femme de l'auteur sur la feuille qu'il tient de ses deux mains, remplacé depuis par un paysage.

70 — Saint Jérôme dans le désert (R. 2).

Très-belle épreuve, tirée avant que les morsures des étaux aient été entièrement effacés, et les angles du cuivre fortement arrondis.

71 — Deux Pères du désert (R. 3).

Très-belle épreuve, tirée avant la totalité des travaux à la roulette, et avant le mot *désert* (à la suite de *les Pères du*).

72 — Promenade du Souverain Pontife Pie VII sur la Saône (R. 5).

Ancienne et belle épreuve.

73 — Famille réunie devant une cheminée (R. 7).

Très-belle épreuve, tirée avant que l'épaule droite du fumeur ait été élargie et mieux exprimée.

74 — Les Joueurs de boules (R. 10).

Superbe épreuve.

75 — Le Maître d'école (R. 14).

Très-belle épreuve avec marges.

76 — Vieillard faisant l'aumône (R. 16).

Belle épreuve tirée sur papier de Chine. Collection Dreux.

77 — Fête champêtre (R. 21).

Première épreuve tirée avant l'astérique, après l'année 1773.

78 — Vue du Temple de Vertu (R. 34).

Très-belle épreuve tirée avant le coup de brunissoir sur le ciel, à droite, au-dessus des deux arbres.

79 — La grande Forêt (R. 55).

Très-belle épreuve tirée avant les contretailles à gauche sur le ciel, et la totalité des travaux à la roulette.

80 — Villageois conduisant une charrette sur un grand pont (R. 58).

Très-belle épreuve, tirée avant les travaux à la roulette sur les grands arbres.

81 — Chasseur sortant d'un bois, d'après Wynants (R. 129).

Superbe épreuve avant la lettre, sur papier de Chine.

82 — Villageois prêt à passer à gué une rivière où sont deux vaches et un chien, d'après Berghem (R. 131).

Belle et ancienne épreuve.

83 — Vue d'une campagne ; à la gauche, un bouvier assis sous de grands arbres au bord d'un canal, d'après Ruysdaël (R. 134).

Très-belle épreuve avant la lettre, sur papier de Chine.

84 — Le Repas des faucheurs (R. 139).

Très-belle épreuve, avant que les ombres sur le premier plan aient été reprises au burin, et avant que le trait carré ait été mieux exprimé.

85 — Deux femmes et un jeune garçon près d'un lavoir où tombent les eaux d'une fontaine (R. 141).

Ancienne et très-belle épreuve.

BOLSWERT (BOECE A)

86 — La Résurrection de Lazare (Basan, 61 des sujets du Nouv. Test.).

Très-belle épreuve avec *Boëtius Bolswert sculp. et excud. cum Privilegys Regis*, etc. Collection De Valois.

87 — La Cène, d'après Rubens (Basan, 62 des sujets du Nouv. Test.).

Très-belle épreuve du premier état, avant l'adresse d'*Huberti*. Pièce fort rare. Collection Robelot.

88 — Jésus-Christ en croix entre les deux larrons, d'après Rubens (Basan, 87 des sujets du Nouv. Test.).

Superbe épreuve, avec *B. à Bolswert sculp. et excudit cum Privilegio Regis*, etc.

BOLSWERT (Schelte-A.)

89 — Moïse élevant le serpent d'airain dans le désert, d'après Rubens (Basan, 16 des sujets de l'Ancien Testament). Ce morceau est un des plus beaux de l'œuvre de Bolswert.

Magnifique épreuve, avant que le cintre qui détache les armes de l'estampe ait été raccordé au burin, et avant l'adresse de *Gillis Hendricx*, qui a été remplacée plus tard par celle de *C. Van Merlen*. Très-rare.

90 — Le Mariage de la Vierge, d'après Rubens (Basan, 1 des sujets du Nouv. Test.)

Magnifique épreuve avant toutes lettres. Très-rare. Elle a de la marge.

91 — La même estampe.

Ancienne épreuve avec la lettre.

92 — Nativité, d'après Rubens (Basan, 7 des sujets du Nouv. Test.).

Superbe épreuve du premier état, avec l'adresse de *Martinus Vanden Enden*. Collections Lousbergs, 1804, et Vanden Zande.

93 — Retour d'Egypte, d'après Rubens (Basan, 29 des sujets du Nouv. Test.).

Très-belle épreuve du premier état, avec l'adresse de *Martinus Vanden Enden*. Elle a de la marge.

94 — La Fille d'Hérodiade présentant la tête de saint Jean a sa mère, d'après Rubens (Basan, 41 des sujets du Nouv. Test.).

Magnifique épreuve du premier état, avant toutes lettres. Extrêmement rare. Collections Blanchon, Rossi, Debois et Vanden Zande.

95 — La même estampe.

Très-belle épreuve avec la lettre, et avec l'adresse de *Gillis Hendricx excudit*.

96 — La grande Pêche miraculeuse, d'après Rubens (Basan, 48 des sujets du Nouv. Test.). Grande estampe en trois feuilles.

Très-belles épreuves.

97 — Ecce Homo, d'après Rubens (Basan, 74 des sujets du Nouv. Test.).

Belle et ancienne épreuve.

98 — Le Christ en croix entre les deux larrons, d'après Rubens (Basan, 86 des sujets du Nouv. Test.).

Très-belle épreuve.

99 — La Résurrection, d'après Rubens (Basan, 109 des sujets du Nouv. Test.).

Belle épreuve.

100 — L'Ascension du Christ, d'après Rubens (Basan, 118 des sujets du Nouv. Test.).

Belle épreuve du premier état, avec l'adresse de *Martinus Vanden Enden*.

101 — Trinité, où l'on voit Jésus-Christ mort sur les genoux du Père éternel (Basan, 123 des sujets du Nouv. Test.).

Belle épreuve avec l'adresse de *Martinus Vanden Enden*.

102 — Les Quatre Évangélistes, d'après Rubens (Basan, 128 des sujets du Nouv. Test.).

Superbe épreuve avec l'adresse de *Nicolaus Lauwers excudit Antverpiæ*.

102 bis. — La Conversion de saint Paul, d'après Rubens (Basan, 129 des sujets du Nouv. Test.).

Magnifique épreuve avec *S. à Bolswert sculpsit et excudit cum Privilegys Regis*, etc. Rare.

103 — Les Pères de l'Église, et sainte Claire au milieu d'eux tenant le Saint Sacrement, d'après Rubens (Basan, 4 des sujets d'Hist. et Allég. sacrées).

Superbe épreuve avec l'adresse de *Nic. Lauwers*.

104 — La Destruction de l'Idolâtrie, d'après Rubens (Basan, 6 des sujets d'Histoire, etc.) Grande estampe en deux feuilles.

Superbes épreuves avec l'adresse de *Nicolaus Lauwers excudit Antuerpiæ cum Privilegio*.

105 — L'Éducation de la Vierge, d'après Rubens (Basan, 2 des sujets de Vierges).

Très-belle épreuve du premier état avec l'adresse de *Martinus Vanden Enden*. Collections Debois et Vanden Zande.

106 — Assomption de la Vierge, d'après Rubens (Basan, 4 des sujets de Vierges).

Très-belle épreuve avec l'adresse de *Martinus Vanden Enden*.

107 — Assomption de la Vierge, d'après Rubens (Basan, 5 des sujets de Vierges).

Ancienne et belle épreuve avec l'adresse de *Gaspar Huberti*.

108 — La Sainte-Vierge embrassant l'Enfant Jésus, d'après Rubens (Basan, 30 des sujets de Vierges).

Superbe épreuve du premier état, avec l'adresse de *Martinus Vanden Enden*.

109 — La Sainte-Vierge tenant l'Enfant Jésus sur ses genoux, d'après Rubens (Basan, 36 des sujets de Vierges).

Superbe épreuve du premier état, avec l'adresse du graveur *S. à Boswert sculp. et excudit*, qui a été remplacée ensuite par celle de *Martinus Vanden Enden*. Collection Vanden Zande.

110 — Sainte Famille, où l'Enfant Jésus et Saint Jean caressent un agneau, d'après Rubens (Basan, 44 des sujets de Vierges).

Très-belle épreuve du premier état, avec l'adresse de *Martinus Vanden Enden*. Collection Vanden Zande.

111 — Sainte Famille, où l'Enfant Jésus caresse la Sainte Vierge, d'après Rubens (Basan, 55 des sujets de Vierges).

Très-belle épreuve du premier état, avant l'adr.sse d'*Ant. Bon Enfant*.

112 — Sainte Famille, où l'Enfant Jésus tient un oiseau, d'après Rubens (Basan, 58 des sujets de Vierges).

Superbe épreuve du premier état, avant l'adresse de *Gillis Hendricx*. Collections Lousbergs et Vanden Zande.

113 — Sainte Barbe debout, d'après Rubens (Basan, 6 des sujets de Saintes).

Très-belle épreuve avec *S. à Bolswert fecit et excud. cum privilegio*. Collection P. Visscher.

114 — Sainte Thérèse aux pieds de Jésus-Christ, d'après Rubens. (Basan, 33 des sujets de Saintes).

Superbe épreuve du premier état, avec l'adresse de *Martinus Vanden Enden*.

115 — Retour de la chasse, d'après Rubens (Basan, 26 des sujets de la Fable).

Très-belle épreuve avec l'adresse de *Gillis Heindricx*. Elle a de la marge.

116 — La Marche de Silène, d'après Rubens (Basan, 66 des sujets de la Fable).

Très-belle épreuve. Collection du chevalier D***.

117 — Arc de triomphe. Au haut sont les armes de Ferdinand, Cardinal, Infant d'Espagne, etc. (Basan, 29 des Allégories, etc.).

Belle épreuve avec l'adresse de *Gillis Hendricx*, etc.

118 — Trois cavaliers combattant un lion, d'après Rubens (Basan, 21 des diff. suites).

Magnifique épreuve avec *S. à Bolswert, sculp. et excud.*, etc.

119 — Une vaste campagne dont une partie est ravagée par un torrent, et où l'on voit dans l'autre, Philémon et Baucis qui donnent l'hospitalité à Jupiter et Mercure, d'après Rubens (Basan, 26-1 des diff. suites).

Superbe épreuve. Collection Vanden Zande.

120 — La Chasse de Méléagre et d'Atalante, d'après Rubens (Basan, 26-3 des diff. suites).

Très belle épreuve.

121 — Un grand Paysage représentant la campagne de Malines (Basan, 26-4 des diff. suites).

Très-belle épreuve.

122 — Paysage où se voient plusieurs ruines et sur le devant duquel sont deux femmes, etc., d'après Rubens (Basan, 27-1 des diff. suites).

Très-belle épreuve.

123 — Autre Paysage avec des ruines sur le devant et une jeune fille dans l'eau, etc., d'après le même (Basan, 27-2 des diff. suites).

Très-belle épreuve.

124 — Autre Paysage où l'on voit un filet à prendre des oiseaux, etc., d'après le même (Basan, 27-3 des diff. suites).

Très-belle épreuve.

125 — Autre Paysage avec un petit pont de bois, d'après le même (Basan, 27-4 des diff. suites).

Belle épreuve

126 — Autre Paysage, où se voit une charrette attelée de deux chevaux, etc., d'après le même (Basan, 27-5 des diff. suites).

Très-belle épreuve.

127 — Autre Paysage sans figures, etc., d'après le même (Basan, 27-6 des diff. suites).

Très-belle épreuve.

128 — Autre Paysage représentant un orage, etc., d'après le même (Basan, 27-7 des diff. suites).

Belle épreuve.

129 — Autre Paysage, avec une laitière sur le devant, etc., d'après le même (Basan, 27-8 des diff. suites).

Ancienne épreuve.

130 — Autre Paysage, avec des saules et une petite rivière, etc., d'après le même (Basan, 27-9 des diff. suites).

Très-belle épreuve.

131 — Autre Paysage, où l'on voit un berger assis à côté d'une laitière, etc., d'après le même (Basan, 27-10 des diff. suites).

Très-belle épreuve.

132 — Autre Paysage, avec un arc-en-ciel, etc., d'après le même (Basan, 27-11 des diff. suites).

Très-belle épreuve.

133 — Autre Paysage représentant un soleil couchant, d'après le même, etc. (Basan, 27-12 des diff. suites).

Très-belle épreuve.

134 — Autre Paysage, où se voit une laitière avec son pot au lait sur la tête, etc., d'après le même (Basan, 27-13 des diff. suites).

Très-belle épreuve du premier état avant les figures.

135 — Autre Paysage représentant un clair de lune, etc., d'après le même (Basan, 27-14 des diff. suites).

Magnifique épreuve avant toutes lettres. Extrêmement rare.

136 — Autre Paysage sur le devant duquel on voit plusieurs hommes et femmes, etc., d'après le même (Basan, 27-15 des diff. suites).

Très-belle épreuve.

137 — Autre Paysage, où l'on voit une femme et un homme portant un panier, d'après le même (Basan, 27-16 des diff. suites).

Très-belle épreuve.

138 — Autre Paysage représentant une forêt où se fait une chasse, d'après le même (Basan, 27-17 des diff. suites).

Belle épreuve.

139 — Autre Paysage sur le devant duquel on voit un berger assis, etc., d'après le même (Basan, 27-18 des diff. suites).

Très-belle épreuve.

140 — Autre Paysage où se voit une danse de villageois, etc., d'après le même (Basan, 27-20 des différentes suites).

Magnifique épreuve avant toutes lettres. De la plus grande rareté.

141 — Morceau représentant une tempête, d'après Van Artvelt (Basan, 27-21 des diff. suites).

Très-belle épreuve. Collection Vanden Zande. Rare.

142 — Sainte Famille aux Anges, d'après Van Dyck. Pièce en largeur.

Superbe épreuve du premier état, avec l'adresse de *Martinus Vanden Enden*.

143 — La Sainte Famille, d'après Ant. Van Dyck.

Belle épreuve avec l'adresse de *Gillis Hendricx*, etc.

144 — Le Couronnement d'épines, d'après Van Dyck. Pièce connue sous le nom du *Christ au roseau*.

Magnifique épreuve du premier état, avant les contre-tailles au vêtement et à la jambe gauche du second soldat qui est debout à la droite de l'estampe. Très-rare de cette beauté.

145 — L'Érection de la croix, d'après Van Dyck.

Très-belle épreuve avec l'adresse de *Gillis Hendricx excudit Antuerpiæ*.

146 — Jésus-Christ entre les larrons, d'après Van Dyck.

Belle épreuve avec *Gillis Hendricx excudit*.

147 — Le Christ mort sur les genoux de la Vierge, d'après Van Dyck.

Très-belle épreuve avec l'adresse de *Gillis Hendricx*.

148 — La Marche de Silène, d'après Van Dyck.

Belle épreuve, elle est doublée.

149 — Jupiter enfant, pleurant en montrant un pot à une femme qui trait une chèvre, d'après J. Jordaens.

Très-belle épreuve du premier état, avant l'adresse d'*A. Bloteling*. Collection Vanden Zande.

150 — Pan jouant de la flûte en gardant son troupeau, d'après J. Jordaens.

Superbe épreuve du premier état, avant *Bloteling excudit cum privilegio*. Elle a de la marge. Collection Vanden Zande.

151 — Faune tenant un panier de fleurs et de fruits à côté de lui; Cérès et un homme sonnant du cor, d'après J. Jordaens.

Magnifique épreuve. Cette estampe est une des plus rares de l'œuvre de Bolswert; elle a de grandes marges.

152 — Mercure et Argus, d'après J. Jordaens.

Superbe épreuve du premier état, avant que les mots : *Cum privilegio* aient été effacés.

153 — La même estampe.

Belle épreuve.

154 — Un Concert, d'après Jordaens.

Très-belle épreuve.

155 — Le Reniement de saint Pierre, d'après G. Seghers.

Magnifique épreuve avec le *Cum privilegio*.

156 — Jésus-Christ mort sur les genoux de la Vierge, d'après A. Diepenbeke.

Très-belle épreuve avec l'adresse de *Martinus Vanden Enden*, etc.

157 — La Communion de sainte Rose, d'après E. Quellin.

Très-belle épreuve du premier état, avec l'adresse de *Martinus Vanden Enden*. Collection Vanden Zande.

158 — Combat singulier entre le Gras et le Maigre, d'après Boëce Bolswert.

Très-belle épreuve d'une pièce fort curieuse. Extrêmement rare. Collection Vanden Zande.

BONASONE (Jules)

159 — Judith chargeant sa suivante de la tête d'Holopherne, d'après Michel-Ange (B. 9).

Très-belle épreuve.

160 — Sainte Famille, d'après J. Romain (B. 68). Pièce rare de l'œuvre.

Belle épreuve.

161 — La Naissance de saint Jean-Baptiste (B. 76).

Superbe épreuve, avec l'adresse de *Antoine Lafreri*, qui a été remplacée par celle de L. Losi.

162 — Clélie, d'après Polidore (B. 83).

Superbe épreuve avant l'adresse d'*Ant. Lafreri*. Collections Debois et H. de La Salle. Très-rare.

163 — Silène monté sur son âne (B. 88).

Très-belle épreuve. Collection H. de La Salle.

164 — Deux Satyres conduisant Silène devant le roi Midas (B. 89).

Très-belle épreuve. Collection H. de La Salle.

165 — La déesse Flore assise dans un jardin au milieu de plusieurs nymphes (B. 111).

Très-belle épreuve du premier état, avant l'adresse d'*Ant. Lafreri*.

166 — Le dieu Pan assis auprès d'une nymphe, d'après J. Romain (B. 170).

Belle épreuve.

167 — Calypso tâchant par ses caresses de retenir Ulysse dans son île (B. 171). Cette estampe est l'une des plus rares de l'œuvre de Bonasone.

Très-belle épreuve imprimée en rouge, d'un premier état inédit, avant le prolongement du bouquet d'arbres, jusqu'au-dessus de la tête d'Ulysse. Collections H. de La Salle et Dreux.

168 — Quatre nymphes assises avec deux dieux marins, d'après J. Romain (B. 173).

Superbe épreuve portant la signature de P. *Mariette*, 1684.

BOULOGNE (Louis de)

169 — La Flagellation de saint André, d'après Paul Véronèse (R. D. 9).

Deux épreuves du premier et du second état.

BOSSE (Abraham)

170 — Cérémonie observée au palais de Fontainebleau, au contrat de mariage de Uladislas IV, roi de Pologne, et de Louise-Marie de Gonzague, princesse de Mantoue et de Nevers (G.-D. 1223).

Très-belle épreuve.

171 — Deux jeunes gens portant sur leurs épaules un bâton auquel est suspendu un chaudron (G.-D. 1382).

Très-belle épreuve du premier état, avec l'adresse de Le Blond. Collection Vanden Zande.

172 — La Bénédiction de la Table (G.-D. 1398).

Très-belle épreuve, avec l'adresse de J. Boisseau. Collection Vanden Zande.

BOURDON (Sébastien)

173 — Les œuvres de miséricorde, suite de sept estampes (R.-D. 2 à 8).

Très-belles épreuves du premier état, avant l'adresse du graveur; elles ont de la marge. Collection Vanden Zande. Rare de cette qualité.

174 — La Vierge de 1649 (R.-D. 15).

Deux épreuves: une du premier état non terminée, et l'autre du second.

BOUT (Pierre)

175 — La Jetée (B. 5).

Superbe épreuve du premier état, avec la bordure légère et interrompue, d'un morceau fort rare. Collection Vanden Zande.

BODYELL (Josiah)

176 — Portrait de Renier Ansloo et sa femme, d'après Rembrandt.
Très-belle épreuve avant la lettre.

BRESCIANO (Prosper-Scavezzi)

177 — Sixte-Quint représenté priant Dieu les mains jointes (B. 1). Portrait d'un beau caractère.
Belle épreuve d'une estampe rare. Collection Dreux.

BROWN (John)

178 — *Apollo and the sybyl* (Apollon et la Sibylle), d'après Salvator Rosa.
Très-belle épreuve avant la lettre, seulement les armes, les noms d'auteurs et la publication, en 1781, tracés à la pointe.

179 — Le Chariot, d'après P.-P. Rubens.
Très-belle épreuve avant la lettre, seulement les armes et les noms d'auteurs tracés à la pointe.

BRUNA (Della)

180 — La Visitation, d'après Fra Bartholomeo.
Belle épreuve avant toutes lettres.

CAMERATTA (Jos)

181 — Saint Roch faisant l'aumône, d'après A. Carrache.
Belle épreuve.

CARRACHE (Augustin)

182 — Enée sauvant son père Anchise, d'après le Baroche (B. 110). Cette estampe est une des plus célèbres d'Augustin Carrache.
Très-belle épreuve.

183 — Scène de théâtre (B. 122).

Très-belle épreuve du premier état, avant l'adresse de *Filippo Succhielli*. Collection Vanden Zande.

CARRACHE (ANNIBAL)

184 — Le Couronnement d'épines (B. 3).

Très-belle épreuve avant l'adresse de *Nicolas Van Aelst*.

CAUKERKEN (CORNEILLE VAN)

185 — Le Martyre de saint Liévin, évêque de Gand, d'après Rubens.

Superbe épreuve avant l'adresse de *Gaspard de Hollander*.

186 — La Charité, d'après Ant. Van Dyck.

Belle épreuve, avec l'adresse de *A. Diepenbeke*, etc.... Collection Gawet.

CHASTEAU (G.)

187 — Jésus guérissant deux aveugles, d'après N. Poussin.

Belle épreuve avant la lettre.

188 — Jésus-Christ guérissant les aveugles, d'après Raphaël.

Très-belle épreuve avant la lettre. Collection du chevalier D***.

CLAESSENS (L.-A.)

189 — LA DESCENTE DE CROIX, d'après P.-P. Rubens.

Superbe épreuve avant toutes lettres, seulement les noms d'auteurs tracés à la pointe. Extrêmement rare.

190 — La Femme hydropique, d'après Gérard Dow.

Très-belle épreuve avant la lettre. (Lettres tracées.)

191 — Isaac donnant sa bénédiction à Jacob, d'après Koning..

Belle épreuve avant toutes lettres. Cette estampe, ainsi que les quatre suivantes, proviennent de la Collection Vanden Zande.

192 — La Bénédiction de Jacob, d'après Rembrandt.

Belle épreuve avant toutes lettres.

193 — Bourreau présentant la tête de saint Jean à Hérodiode, d'après Rembrandt.

Belle épreuve sur papier de Chine.

194 — Intérieur de chambre où sont quatre figures, d'après J. Steen.

Belle épreuve sur papier de Chine.

195 — Six figures dans un intérieur de chambre, d'après J. Steen.

Belle épreuve sur papier de Chine.

196 — L'Arracheur de dents.

Belle épreuve avant toutes lettres.

CLOUWET (Pierre)

197 — Descente de Croix, d'après Rubens (Basan, 97 des sujets du Nouv. Test.).

Très-belle épreuve, elle a de la marge.

198 — La Mort de saint Antoine, d'après Rubens (Basan, 1 des sujets de Saints).

Superbe épreuve.

199 — Conversation entre plusieurs amants, où l'on voit Rubens et sa femme, d'après Rubens (Basan, 39 des Allégories, etc.). Pièce appelée le Jardin d'amour.

Superbe épreuve du premier état, avec les vers en flamand. Très-rare. Collection Gawet.

COLLIN (Richard)

200 — Portrait de Bartholomé Murillo, célèbre peintre espagnol, d'après lui-même.

Très-belle épreuve d'un portrait rare.

COLOMBO (A.)

201 — Le Massacre des Innocents, d'après Raphaël.

Belle épreuve.

CORNEILLE (Jean-Baptiste)

202 — La chaste Suzanne, d'après Annibal Carrache (R. D. 5).

Très-belle épreuve du deuxième état. Collection Vanden Zande.

CORT (Corneille)

203 — La Lapidation de saint Étienne. *Marcellus venustus inventor.*

Très-belle épreuve d'une pièce capitale du maître.

204 — La Nativité, d'après T. Zucchero.

Belle épreuve.

DALEN (Corneille Van)

205 — Les Pères de l'Église, d'après Rubens (Basan, 3 des sujets d'Histoire, etc.).

Très-belle épreuve.

206 — La Vierge donnant le sein à l'Enfant Jésus, d'après G. Flinck.

Superbe épreuve. Collection Vanden Zande.

207 — Pierre Arétin; Jean Boccace; Georges Barbarelli, dit le Giorgion, et Sébastien del Piombo. Quatre beaux portraits, d'après le Titien.

Superbes épreuves du premier état, avant toutes lettres. Très-rares.

208 — François Delboë Sylvius, médecin.

Très-belle épreuve.

209 — Allégorie représentant l'amiral Tromp, tenant un trident et assis sur une conque, traînée par des chevaux marins, d'après Holsteyn.

Superbe épreuve d'une pièce fort rare.

210 — Frédéric-Henri de Nassau, prince d'Orange, sur son lit de mort et entouré des principaux personnages de sa cour, d'après V. Venne.

Belle épreuve d'une pièce fort curieuse.

DAULLÉ (Jean)

211 — Maupertuis (Pierre-Louis-Moreau de), célèbre voyageur, d'après Tournière.

Belle épreuve avant toutes lettres. Rare en cet état.

DESNOYERS (Auguste-Boucher, baron)

212 — La Vierge, dite la Belle Jardinière, d'après Raphaël.

Superbe épreuve avant toutes lettres; seulement on lit : Aug. Boucher Desnoyers del et sculpsit, an II. Extrêmement rare.

213 — La même estampe.

Très-belle épreuve avant la lettre (lettres tracées). Elle porte au crayon la signature du graveur.

214 — La Vierge de la maison d'Albe, d'après Raphaël.

Très-belle épreuve avant la lettre (lettres tracées), sur papier de Chine, portant la signature de Desnoyers.

215 — La Vierge au donataire, dite de Foligno, d'après Raphaël.
Très-belle épreuve avant la lettre (lettres tracées).

216 — La Vierge aux rochers, d'après Léonard de Vinci.
Très-belle épreuve avant la lettre (lettres tracées).

217 — La Vierge au poisson, d'après Raphaël.
Très-belle épreuve avant la lettre (lettres tracées).

218 — La même estampe.
Belle épreuve avec la lettre, et avec le cachet de Desnoyers.

219 — La Vierge du palais Tempi, d'après Raphaël.
Très-belle épreuve avant la lettre (lettres tracées).

220 — La Visitation, d'après Raphaël.
Très-belle épreuve avant la lettre (lettres tracées), sur papier de Chine. Collection Arch. de Milan.

221 — La même estampe.
Belle épreuve avec la lettre, portant le cachet du graveur.

222 — La Vierge à la chaise, d'après Raphaël.
Belle épreuve, sur papier de Chine.

223 — Sainte Marguerite, d'après Raphaël.
Très-belle épreuve avant la lettre (lettres tracées).

224 — Sainte Catherine d'Alexandrie, d'après Raphaël.
Très-belle épreuve avant la lettre (lettres tracées), sur papier de Chine.

225 — La Belle Jardinière de Florence, d'après Raphaël.
Belle épreuve avant la lettre (lettres tracées).

227 — La Transfiguration, d'après Raphaël.
Très-belle épreuve avant la lettre ; seulement le titre et les noms d'auteur tracés. Elle est sur papier de Chine.

228 — Bélisaire, aveugle, portant son conducteur blessé par un serpent, d'après Gérard.

Très-belle épreuve avant toutes lettres, c'est-à-dire avant la dédicace à M. de Talleyrand, seulement les noms d'auteurs. Elle est signée *Desnoyers*. Très-rare.

229 — La même estampe.

Belle épreuve avec le cachet à deux têtes, et avant les points au haut à droite de la partie supérieure de l'estampe.

230 — Eliézer et Rébecca, d'après le Poussin.

Très-belle épreuve avant la lettre (lettres tracées).

231 — François Ier et sa sœur, d'après Richard.

Belle épreuve avant la lettre (lettres tracées).

DREVET (Claude)

232 — Vintimille (Charles Gaspard de), archevêque de Paris, d'après Rigaud.

Très-belle épreuve du premier état, avant les contre-tailles à gauche sur la bordure, près du milieu des cordons à glands.

DREVET (Pierre)

233 — Jésus-Christ au jardin des Oliviers, d'après J. Restout.

Très-belle épreuve du premier état, avant l'adresse de L. Surugue. Elle a de la marge. Collection Van den Zande.

234 — Le Calvaire, d'après Antoine Coypel.

Belle épreuve. Collection Robelot.

235 — Bar (Catherine de), première supérieure des religieuses de l'adoration perpétuelle du Saint-Sacrement, d'après Courtin.

Belle épreuve d'un portrait fort rare.

236 — Beauveau (Réné de), archevêque de Narbonne, d'après Rigaud.

Très-belle épreuve.

237 — Nicolas-Boileau Despréaux, d'après Rigaud.

Superbe épreuve du premier état, avant toutes lettres. Extrêmement rare. Collection Vanden Zande.

238 — Le même portrait.

Belle épreuve avec la lettre.

239 — Forest (Jean), peintre.

Superbe épreuve du premier état, avant toutes lettres. Très-rare.

240 — Rigaud (Hyacinthe), peintre, d'après lui-même.

Très-belle épreuve du premier état, avant toutes lettres. Extrêmement rare.

241 — Toulouse (Louis-Alexandre de Bourbon, comte de), d'après Rigaud.

Superbe épreuve du premier état, non décrit, avec une ancre de chaque côté de l'écusson armorié, avant les changements dans la bordure et avec la dédicace de Jean-Baptiste Thibaud. Elle a de la marge. Rare.

DREVET (Pierre-Imbert)

242 — Adam et Ève, d'après Antoine Coypel.

Ancienne épreuve.

245 — La Présentation au Temple, d'après Louis de Boullogne.

Très-belle épreuve.

244 — Samuel Bernard, d'après Rigaud.

Superbe épreuve du premier état, avant les mots conseiller d'État qui ont été ajoutés depuis au bas du portrait.

245 — Bossuet (Jacques-Bénigne), évêque de Meaux, d'après Rigaud.

Très-belle épreuve avant les points ajoutés après le mot *pinxit*.

246 — Dubois (Guillaume), cardinal-archevêque de Cambray, d'après Rigaud.

Très-belle épreuve.

DUPONT (M.-Pierre-Louis-Henriquel)

247 — Le comte de Strafford conduit au supplice, d'après Paul Delaroche.

Superbe épreuve d'artiste, avant toutes lettres, sur papier de Chine. Elle a toute sa marge.

248 — La même estampe.

Très-belle épreuve avant la lettre, sur papier de Chine. Elle a toute sa marge.

249 — L'Hémicycle du palais des Beaux-Arts, d'après Paul Delaroche. Grande estampe gravée en trois planches.

Très-belles épreuves avant la lettre, sur papier de Chine.

DURER (Albert)

250 — Jésus au jardin des Oliviers. (B. 4).
Superbe épreuve.

251 — Jésus saisi par les Juifs (B. 5).
Superbe épreuve.

PORTRAITS

GRAVÉS A L'EAU-FORTE PAR ANTOINE VAN DYCK

---

252 — Breughel (Jean), dit de Velours (Weber, 1).
Belle et ancienne épreuve. Collection Saint-Aubin.

253 — Breughel (Pierre) (2).
Superbe épreuve du troisième état, avec les initiales G. H. Elle est à grandes marges. Très-rare.

254 — Franck (François) (6).
Superbe épreuve, avec les initiales G. H. Elle est à grandes marges. Très-rare.

255 — Le même portrait.
Ancienne et belle épreuve. Collection Saint-Aubin.

256 — Momper (Josse de) (9).
Très-belle épreuve, avec les initiales G. H. Elle est à grandes marges. Rare en cet état.

257 — Oort ou Noort (Adam Van) (10).
Superbe épreuve, avec les initiales G. H. Elle est à grandes marges. Très-rare.

258 — Pontius (Paul) (11).
Ancienne et belle épreuve.

259 — Snyders (François) (14).
Superbe épreuve du premier état, de la planche terminée par J. Neefs, avec les initiales G. H. Elle est à grandes marges. Extrêmement rare.

260 — Wawerius ou Van Den Wouwer (chevalier Jean) (22).
Superbe épreuve du premier état, de la planche terminée par P. Pontius, avant le nom du graveur et avec l'adresse de Martin Vanden Enden. Très-rare. Collection Gawet.

261 — Le même portrait.
Superbe, du deuxième état, avec les initiales G. H. Elle est à grande marges. Très-rare.

PORTRAITS D'APRÈS ANTOINE VAN DYCK

Gravés pour les Éditeurs Martin Vanden Enden, Gillis Hendricx et Jean Meyssens.

---

262 — **Mytens (Daniel)** (40), par P. Pontuis.
Superbe épreuve du premier état, non décrit, avant toutes lettres. D'une extrême rareté.

263 — **Scaglia (César-Alexandre)**, par P. Pontius (47).
Très-belle épreuve avec l'adresse de *Mart. Vanden Enden*. Collection Vanden Zande.

264 — **Médicis (Marie de)** par P. Pontius. (56).
Superbe épreuve du deuxième état, avec l'adresse de *Mart. Vanden Enden*. Elle a de grandes marges. Collection Dreux.

265 — **Digbi (sir Kenelme)** (58), par R. Van Voerst.
Très-belle épreuve, avec l'adresse de *Gillis Hendricx*. Elle a de la marge.

266 — **Cachiopin (Jacques de)** (62), par L. Vosterman.
Très-belle épreuve du premier état, avant le nom du graveur, et avec le nom du personnage écrit *Cachopin*.

267 — **Callot (Jacques)**, par Vosterman. (63).
Très-belle épreuve du deuxième état, avec l'adresse de *Martin Vanden Enden*. Collection Gaivet.

268 — **Gentileschi (Horace)** (71), par L. Vosterman.
Superbe épreuve du premier état, avant le nom du graveur.

269 — **Livens (Jean)** (73), par L. Vosterman.
Superbe épreuve, avec l'adresse de *Martin Vandén Enden*.

270 — **Schut (Corneille)** (79), par L. Vosterman.
Très-belle épreuve du deuxième état, avec l'adresse de *Martin Vanden Enden*.

271 — Faille (Alexandre de la), par A. Lommelin (104).
Très-belle épreuve du premier état, avec l'adresse de *Gillis Hendriex*.

272 — Bourbon (Antoine de), comte de Moret, par P. de Baillu.
Ancienne et belle épreuve.

273 — Honoré d'Urfé, par P. de Baillu.
Très-belle épreuve du premier état, avant que l'adresse de Jean Meyssens ait été effacée. Collection Vanden Zande.

274 — Le même portrait.
Belle épreuve.

275 — Barlemont (Marie-Marguerite de), comtesse d'Egmont, par J. Neefs.
Superbe épreuve du premier état, avant toutes lettres. Extrêmement rare.

276 — Le même portrait.
Très-belle épreuve du premier état, décrit, avec l'adresse de *Joes Meyssens exc.*

277 — Marie, comtesse d'Aremberg, par P. Pontius.
Très-belle épreuve du premier état, avec l'adresse de *Joannes Meyssens*. Collection Vanden Zande.

278 — Scribanius (Charles), par P. Clouwet.
Belle épreuve.

279 — Ferdinand d'Autriche, par Jean Payne.
Très-belle épreuve avant toutes lettres. Très-rare.

280 — Le même portrait.
Belle épreuve avec la lettre.

281 — Wael (Jean de), par Adrien Lommelin.
Belle épreuve.

282 — Gerbier (Balthazar), par P. Pontius.
Belle épreuve du troisième état.

283 — Le Roi (Philippe), par P. Pontius et L. Vosterman.
Superbe épreuve du deuxième état, avant la lettre et avant que le trait carré ait été renforcé. Très-rare.

284 — Mansfeld (Ernest, prince et comte de), par R. Van Voerst.
Belle épreuve.

285 — Charles II, roi de la Grande-Bretagne, par W. Hollar.
Très-belle épreuve du premier état, avec l'adresse du graveur.

286 — Leblon (Michel), par Théodor Matham.
Très-belle épreuve. Collection Gawet.

287 — François Vander Ee., par Jean Meyssens.
Superbe épreuve, avec l'adresse de J. Meyssens.

288 — Zegerus Van Hontsum, par A. Lommelin.
Belle épreuve.

289 — Pénélope Herbet, par P. Lombart.
Très-belle épreuve.

EARLOM (Richard)

290 — La Sainte Famille, d'après Rubens.
Très-belle épreuve avant la lettre.

291 — L'Académie de Londres, d'après J. Zoffany.
Belle épreuve avant la lettre.

EDELINCK (Gérard)

292 — La Sainte Famille, d'après le tableau de Raphaël, qui est au musée du Louvre (R. D. 4).
Superbe épreuve, avant les armes de l'abbé Colbert, qui ont été placées au bas du milieu de l'estampe, et qui ont été effacées dans les dernières épreuves.

293 — La même estampe.
Très-belle et ancienne épreuve, avec les armoiries enlevées. Elle a de la marge.

294 — La Vierge et l'Enfant Jésus, d'après Jacques Stella (R. D. 6).
Très-belle épreuve du premier état, avant l'écusson d'armes. Collection Vanden Zande.

295 — Sainte Famille, d'après Ch. Lebrun. Morceau connu sous le nom du Bénédicité (R. D. 8).
Très-belle épreuve du premier état, avant la lettre. Très-rare. Collections Scitivaux et Debois.

296 — Sainte Madeleine, d'après Charles Le Brun (R. D. 32).
Rare épreuve avant la lettre. Manque de fraîcheur.

297 — Bignon (Jean-Paul), abbé de Saint-Quentin, d'après L. C. de la Roue (R. D. 151).
Très-belle épreuve du premier état, avant la lettre et les armes. Très-rare.

298 — Champagne (Philippe de), peintre du roi, d'après lui-même (R. D. 164).
Très-belle épreuve du premier état.

299 — Colbert (Charles), marquis de Croissy (R. D. 175).
Superbe épreuve du premier état, avant toutes lettres et avant les armes. Collection Vanden Zande. Extrêmement rare. M. Robert Dumesnil, dans son catalogue, dit ne connaître de cette qualité qu'une seule épreuve dans la collection de M. Forster.

300 — Descartes (Réné), célèbre philosophe, d'après F. Hals (R. D. 181).
Superbe épreuve du premier état.

301 — Desjardins (Martin Vanden Bogaert, connu sous le nom de), célèbre sculpteur (R. D. 182).
Très-belle épreuve avant l'adresse de Drevet.

302 — Le même portrait.

Superbe épreuve, malheureusement elle a été rognée tout autour de l'encadrement. Collection Nau.

303 — Dilgerus (Nathanael), ministre de Dantzick (R. D. 185).

Belle épreuve d'un portrait rare. Collection Vanden Zande.

304 — Léonard (Frédéric), premier imprimeur du roi et du clergé, d'après Rigaud (R. D. 242).

Très-belle épreuve avec toutes marges.

305 — Mouton (Charles), musicien de Louis XIV (R. D. 281).

Superbe épreuve du premier état, avant les noms des artistes, et avant que la marge où sont les quatre vers latins ait été coupée. Très-rare.

306 — Poisson (Raimond), comédien (R. D. 279).

Très-belle épreuve du deuxième état, avant l'adresse après le millésime 1682 : *Et ex. rue Saint-Jacques, au Séraphin*. Très-rare.

NOTA. Il existe trois états postérieurs à celui-ci.

307 — La même estampe.

Belle épreuve du troisième état, avant l'adresse de J. Audran.

308 — Silvestre (Israël), dessinateur du cabinet du roi et graveur à l'eau-forte (R. D. 319).

Belle épreuve.

EDELINCK (Nicolas)

309 — Marie de Rabutin Chantal, marquise de Sévigné, d'après Nanteuil.

Très-belle épreuve avant le *trait d'union* entre les mots Rabutin et Chantal. Elle a de la marge.

EICHENS (Édouard)

310 — La Vision d'Ézéchiel, d'après Raphaël.
Belle épreuve avant la lettre, sur papier de Chine.

EISEN (François)

311 — Sujet de l'Histoire sainte, d'après G. de Crayer.
Belle eau-forte avant la lettre. Très-rare.

FALCK (Jérémie)

312 — Réunion de soldats et de courtisanes, d'après Jean Lys.
Très-belle épreuve avec une belle marge.

FAUCIY (Charles)

313 — Bacchus couronné de pampres et accompagné d'un faune, d'une bacchante et d'un tigre, d'après Rubens (Basan, 56 des sujets de la Fable).
Très-belle épreuve avant la lettre.

FELSING (J.)

314 — La Vierge, l'Enfant Jésus et sainte Anne, d'après Overbeck.
Superbe épreuve avant toutes lettres, le nom du graveur tracé à la pointe au milieu de la marge du bas. Elle a toute sa marge.

315 — La Madonna del Trono, d'après Raphaël.
Très-belle épreuve.

316 — Jésus-Christ au milieu des docteurs, d'après Léonard de Vinci.
Belle épreuve avant la lettre (lettres tracées). Elle a une belle marge.

317 — Jésus au jardin des Oliviers, d'après Carlo Dolci.
Très-belle épreuve d'artiste, avant toutes lettres.

318 — Sainte Geneviève dans le désert, d'après E. Steinbrück.
Belle épreuve avant la lettre.

FERDINAND (L.)

319 — Nicolas Poussin, d'après V. E.
Très-belle épreuve.

FORSTER (M.-François)

320 — LA VIERGE AU BAS-RELIEF, d'après Léonard de Vinci.
Très-belle épreuve avant la lettre, sur papier de Chine, portant le numéro 58.

321 — La Vierge à la légende, d'après Raphaël.
Belle épreuve avant la lettre, sur papier de Chine, portant le n° 70.

322 — La Vierge de la maison d'Orléans, d'après Raphaël.
Très-belle épreuve d'artiste, le nom de F. Forster, sculp. 1838, gravé à la pointe, elle porte le n° 22.

323 — Sainte Cécile, d'après P. Delaroche.
Très-belle épreuve avant la lettre, sur papier de Chine.

324 — Saint François d'Assise, d'après L. Lahire.
Belle épreuve d'artiste, avec les noms à la pointe.

FRANÇOIS (M. JULES)

325 — Pèlerins sur la place Saint-Pierre de Rome, d'après P. Delaroche.
Belle épreuve d'artiste, avant toutes ettres, sur papier de Chine.

FREY (Jean de)

326 — Un architecte de la marine et sa femme, d'après Rembrandt.

Belle épreuve avant toutes lettres. Collection Vanden Zande.

GALLE (Corneille)

327 — Jésus-Christ mort sur les genoux de la Vierge, d'après Rubens (Basan, 105 des sujets du Nouv. Test.).

Magnifique épreuve avec *Cornelius Galle fecit et excudit.*

328 — L'Enfant Jésus et saint Jean, d'après Rubens. (Basan, 41 des sujets de Vierges).

Belle épreuve.

329 — Une Vierge dans une niche. (Basan, 63 des sujets de Vierges).

Très-belle épreuve. Collection Gawet.

GANDOLFI (M.)

330 — Judith tenant la tête d'Holopherne, d'après C. Allori.

Belle épreuve avant la lettre ; le titre et les noms d'auteurs tracés.

GARAVAGLIA (Giovanni)

330 bis. — L'Enfant Jésus assis, entouré de saint Jean et d'anges, d'après Carle Maratte.

Très-belle épreuve avant toutes lettres.

GARNIER (F.)

331 — La Vierge aux balances, d'après Léonard de Vinci.

Belle épreuve.

GHISI (Georges, dit *le Mantuan*)

332 — La Cène, d'après L. Lombard (B. 6).

Belle épreuve, elle est doublée.

333 — La Calomnie accusant l'Innocence devant le tribunal d'un juge ignorant, d'après L. Penni (B. 64).

Superbe épreuve du premier état, avant l'adresse de *J. Honeruogt*. Collection Debois. Très-rare de cette beauté.

334 — Pénélope au milieu de ses femmes qui font de la toile, d'après le Primatice (B., 2 des pièces douteuses, attribuées à Georges Mantuan).

Très-belle épreuve sortie anciennement, par un échange, du Cabinet des estampes de la Bibliothèque impériale, et portant son estampille. Collection H. de La Salle.

GHISI (Diane)

335 — Jésus-Christ renvoyant la femme adultère (B. 4).

Très-belle épreuve.

GIRARDET (Albert)

336 — Le Triomphe de Jules César, d'après Jules Romain.

Belle épreuve avant la lettre.

GOLTZIUS (Henri)

337 — Jean Boll, peintre de Malines (B. 161).

Très-belle épreuve.

338 — Henri IV, roi de France et de Navarre. (B. 173).

Très-belle épreuve du premier état, inconnu à Bartsch, avec l'adresse de Paul de La Houe; elle a une grande marge. Collections Debois et Vanden Zande.

GOUDT (Henri de, comte Palatin)

339 — L'Ange accompagnant le jeune Tobie, d'après Elsheimer.

Belle épreuve. Collection du chevalier D***.

340 — La Fuite en Egypte.

Très-belle épreuve. Collection du chevalier D***.

GREENWOOD (John)

341 — Portrait du père de Rembrandt, d'après ce dernier.

Belle épreuve avant la lettre.

GRIGNON (J.)

342 — Portrait de Jean, comte Palatin du Rhin.

Belle épreuve avant toutes lettres.

HAEFTEN (Nicolas Van)

343 — Fumeur assis; derrière lui trois hommes près d'une cheminée (B. 7).

Très-belle épreuve. Collection Vanden Zande.

344 — Le Pêcheur (B. 9).

Superbe épreuve provenant des cabinets P. Visscher et Vanden Zande.

345 — Le Bénédicité. Pièce la plus considérable de l'œuvre du maître, inconnue à Bartsch.

Très-belle épreuve. Très-rare. Collection Vanden Zande.

346 — Trois femmes à table et une vieille debout.

Très-belle épreuve du premier état, avant l'inscription dans la marge. Pièce inconnue à Bartsch. Collection Vanden Zande.

347 — Paysans attablés pour prendre leur repas.

Très-belle épreuve d'une pièce inconnue à Bartsch et provenant de la collection Vanden Zande.

HOLLAR (Wenceslas)

348 — Jésus dans le désert, d'après Elsheimer.

Très-belle épreuve d'une pièce rare. Collection Vanden Zande.

349 — La Madeleine dans le désert, d'après P. Van Avont.

Très-belle épreuve du premier état, avant l'adresse de *Van Merlen*. Collection Vanden Zande.

350 — Vue du portail et d'une partie de la cathédrale d'Anvers.

Superbe épreuve du premier état, avec une seule ligne d'écriture au bas de la planche, et avant la troisième taille sur le toit de la maison à la droite de l'estampe. Collections Debois et Vanden Zande.

351 — Vue de la cathédrale de Strasbourg.

Très-belle épreuve d'un morceau fort rare.

352 — Le Calice, d'après A. Mantegna.

Très-belle épreuve. Collection Vanden Zande.

353 — Diane couchée et endormie au pied d'un arbre.

Superbe épreuve du premier état, avant les mots *P. Pontius. sculp.* Collection Vanden Zande.

354 — La même estampe.

Belle épreuve du deuxième état, avec le nom de *P. Pontius, sculp.* Collection Vanden Zande.

355 — Martin Luther.

Belle épreuve, avec l'adresse de *Jean Meyssens*, etc.

356 — Pierre Arétin, célèbre poète italien, d'après Titien.

Très-belle épreuve du premier état, avec le titre en deux lignes d'écriture.

357 — Les Quatre Saisons, représentées par des dames anglaises, dans le costume du xviie siècle.
Superbes épreuves.

HOUBRAKEN (Jacques)

358 — Anna van Saxen, d'après J. Buys.
Très-belle épreuve avant la lettre.

HUCHTENBURGH (J. Van)

359 — La Mort du cavalier Turc (B. 6).
Belle épreuve.

JEGHER (Christophe)

360 — Suzanne surprise par les vieillards, d'après Rubens (Basan, 36 des sujets de l'Ancien Testament). Cette estampe, ainsi que toutes celles de ce graveur, sont des chefs-d'œuvre de gravures sur bois.
Très-belle épreuve du premier état, avec l'adresse de *P. P. Rub. delin. et ex. Cum privilegiis*, qui a été remplacée par celle de *Jegher*.

361 — Jésus-Christ tenté dans le Désert, d'après Rubens (Basan, 37 des sujets du Nouveau Testament).
Très-belle épreuve, avec l'adresse de *P.-P. Rub. delin., excud. Cum privilegiis.*

362 — Repos en Égypte, d'après Rubens (Basan, 23 des sujets de Vierges).
Très-belle épreuve tirée en camaïeu. Très-rare.

363 — L'Enfant Jésus et saint Jean, d'après Rubens (Basan, 40 des sujets de Vierges).
Superbe épreuve avec l'adresse de Rubens.

364 — Hercule exterminant la Fureur et la Discorde, d'après Rubens (Basan, 14 des sujets de la Fable).
Superbe épreuve avec l'adresse de Rubens. Collection Dreux.

365 — Silène ivre, soutenu par un satyre et un homme, d'après Rubens (Basan, 67 des sujets de la Fable).
Très-belle épreuve avec l'adresse de Rubens.

JESI (Samuel)

366 — La Vierge de la cathédrale de Lucques, d'après Fra-Bartolommeo.
Très-belle épreuve avant la lettre (lettres tracées). Elle a toute sa marge.

367 — Portrait du pape Léon X, d'après Raphaël.
Superbe épreuve avant toutes lettres, sur papier de Chine; le nom de Jesi tracé à la pointe. Elle a toute sa marge.

JORDAENS (Jac), *inventor*

368 — Jupiter, enfant, nourri par la chèvre Amalthée. Pièce gravée à l'eau-forte.
Belle épreuve.

JODE (Pierre de, dit le Vieux)

369 — Scène de carnaval, d'après Pozzororatrati. Belle composition très-curieuse pour les costumes.
Très-belle épreuve d'une pièce fort rare. Collection Vanden Zande.

JODE (Pierre de, dit le Jeune)

370 — Le couronnement de sainte Catherine, d'après Rubens (Basan, 14 des sujets de Saintes).
Très-belle épreuve. Collection Lousbergs, 1804.

371 — Vénus sortant des eaux, d'après Rubens (Basan, 42 des sujets de la Fable).
Très-belle épreuve portant au verso la signature de P. Mariette, 1674.

372 — Renaud s'éveillant dans le giron d'Armide, d'après Van Dyck.
Belle épreuve.

373 — La Nativité, d'après J. Jordaens.
Très-belle épreuve avec le *Cum privilegio*.

374 — Saint Martin de Tours délivrant un possédé, d'après J. Jordaens.
Superbe épreuve.

375 — Le même sujet.
Ancienne épreuve.

376 — La Folie tenant un hibou, d'après J. Jordaens.
Très-belle épreuve.

377 — Jésus chez Nicodème, d'après G. Seghers.
Belle épreuve.

378 — Saint François adorant l'Enfant Jésus, d'après G. Seghers.
Superbe épreuve.

379 — Sainte Famille, d'après E. Quellinius.
Très-belle épreuve. Elle a de la marge.

380 — Sainte Famille, d'après Diepenbeke.
Très-belle épreuve. Collections F. Lonsbergs et Vanden Zande.

381 — L'Ecce Homo, d'après Diepenbeke.
Très-belle épreuve du premier état, avec l'adresse de *Martinus Vanden Enden*.

382 — François Wauters, d'après lui-même.
Très-belle épreuve.

KAISER (M.-J.-W.)

383 — Commémoration de la paix de Munster, d'après Vander Helst.
Très-belle épreuve avant la lettre. Elle a toute sa marge.

KILIAN (Lucas)

384 — La Multiplication des pains, d'après le Tintoret.
Très-belle épreuve du premier état, avant l'adresse de P. Mariette. Collection Vanden Zande.

LAIRESSE (Gérard de)

385 — Sujet de l'Ancien-Testament. Pièce capitale du maître.
Très-belle épreuve avant la lettre.

LASNE (Michel)

386 — Saint François d'Assise recevant l'Enfant Jésus des mains de la Vierge, d'après Rubens (Basan, 14 des sujets de Saints).
Très-belle épreuve.

387 — Saint François de Paule recevant l'Enfant Jésus des mains de la Sainte-Vierge (Basan, 19 des sujets de Saints.
Belle épreuve.

LAUGIER (Jean-Nicolas)

388 — Bonaparte visitant les pestiférés de Jaffa, d'après Gros.
Très-belle épreuve avant la lettre.

LAUWERS (Nicolas)

389 — Soldats fumant et buvant pendant la nuit, d'après G. Seghers.

Magnifique épreuve. Collections Scitivaux et Debois.

390 — Philémon et Baucis, accordant l'hospitalité à Jupiter et à Mercure, d'après Jordaens.

Superbe épreuve avant toutes lettres. Extrêmement rare. Collection Vanden Zande.

391 — La Vierge, sainte Anne, l'Enfant Jésus et saint Jean, d'après A. Schiavone.

Belle épreuve. Collection Vanden Zande.

LEEUW (W. de)

392 — Le Martyre de sainte Catherine, d'après Rubens (Basan, 21 des sujets de Saintes).

Très-belle épreuve.

LERPINIÈRE (Daniel)

393 — *The golden calf* (les Israélites adorant le veau d'or), d'après Claude Lorrain.

Très-belle épreuve avant la lettre, seulement les armes, les noms d'auteurs et la publication, en 1781, tracés à la pointe.

LEROUX (M.-Jean-Marie)

394 — Jupiter et Léda, d'après Léonard de Vinci.

Très-belle épreuve avant la lettre, sur papier de Chine.

LEYDE (Lucas de)

395 — Joseph racontant ses songes à Jacob (B. 19).

Très-belle épreuve. Collection d'Arozarena.

LIVENS (Jean)

396 — Daniel Heinsius (B. 58). Cl. 57.

Très-belle épreuve du premier état, avec l'adresse de Martinus Vanden Enden.

LOIR (A.)

397 — Chute des Anges rebelles, d'après Lebrun. Grande composition en deux feuilles.

Belles épreuves non assemblées.

LOMBARD (Pierre)

398 — Adoration des bergers, d'après le Poussin.

Très-belle épreuve avant la lettre, seulement les armes. Très-rare. Collection Gawet.

LONGHI (Joseph)

399 — La Sainte Famille, d'après Raphaël.

Très-belle épreuve avant la lettre, le titre et les noms d'auteurs tracés. Elle a toute sa marge.

400 — *La Madona del lago* (la Vierge au lac), d'après Léonard de Vinci.

Belle épreuve avant la lettre (lettres tracées).

401 — La Vierge au voile, d'après Raphaël.

Belle épreuve avant toutes lettres.

402 — Saint Joseph, d'après Albertolli.

Belle épreuve avant toutes lettres.

403 — La Madeleine dans le désert, d'après le Corrège.

Très-belle épreuve.

LORICHON (C.)

404 — Le Mariage mystique de sainte Catherine, d'après le Corrège.

Belle épreuve avant la lettre.

LOUYS (Jean)

405 — Repos de Diane, d'après Rubens (Basan, 9 des sujets de la Fable).

Très-belle épreuve.

LUTMA (Jean)

406 — Saint Jean écrivant.

Belle épreuve d'une pièce gravée au maillet.

LUTZ (Pietro)

407 — La Madone de saint François, d'après le Corrège.

Très-belle épreuve avant la lettre, seulement le titre et les noms d'auteurs tracés. Elle a toute sa marge.

MARIETTE (Jean)

408 — Jésus dans le désert, adoré par des anges.

Belle épreuve avant la lettre. Très-rare.

MARINUS (Ignace)

409 — Résurrection d'un mort et guérison miraculeuse de plusieurs malades, par saint François Xavier, d'après Rubens (Basan, 16 des sujets de Saints).

Superbe épreuve. Elle a de la marge.

410 — Le même sujet.

Belle épreuve.

411 — Saint Ignace de Loyola guérissant des possédés, d'après Rubens (Basan, 24 des sujets de Saints).

Superbe épreuve. Elle a de la marge.

412 — Le même sujet.

Belle épreuve.

413 — L'Adoration des bergers, d'après J. Jordaens.

Magnifique épreuve du premier état, non décrit, avant grand nombre de travaux dans toutes les parties de la planche, notamment sur la muraille et le pilier qui se voient dans le fond de la composition et sur tous les personnages. Très-rare.

414 — La même estampe.

Très-belle épreuve avec tous les travaux ajoutés, mais avant que les mots : *Cum privilegio* aient été effacés. Cette épreuve est du premier état connu.

415 — Jésus-Christ devant Caïphe, d'après J. Jordaens.

Très-belle épreuve du premier état, avant le nom du graveur, et avec l'adresse de *Martinus Vanden Enden*, qui a été remplacée plus tard par celle de *Gillis Hendricx*. Collection Vanden Zande.

416 — Le Martyre de sainte Appoline, d'après J. Jordaens.

Superbe épreuve avant la lettre. Extrêmement rare.

417 — Le même sujet.

Très-belle épreuve, avec le *Cum privilegio*.

MASSARD (Raphael-Urbain)

418 — Sainte Cécile, d'après Raphaël.

Belle épreuve avant la lettre.

419 — Le Denier de César, d'après le Titien.
Belle épreuve avant la lettre.

420 — Louis XVIII, représenté en pied, assis sur son trône, en manteau royal, d'après Gérard.
Superbe épreuve d'artiste, avant le nom de Louis XVIII, qui est dans le bas de la bordure qui entoure le portrait, avant les noms d'auteurs et l'année 1819. Elle a toute sa marge.

421 — Homère, d'après Gérard.
Ancienne et belle épreuve.

MASSON (Antoine)

422 — Sainte Famille, d'après Mignard (R. D. 5).
Très-belle épreuve du premier état, avant que la lettre finale du nom de Van Merlen soit effacée. Collections Silvestre, Scitivaux et Debois.

423 — Les Disciples d'Émaüs, d'après le Titien (R. D. 5). Pièce dite LA NAPPE.
Très-belle épreuve avant le trait échappé au-dessus de l'arbre qui se voit près de la fabrique, au haut de la droite de l'estampe.

424 — Colbert (Jacques-Nicolas), abbé du Bec (R. D. 19).
Très-belle épreuve.

425 — Cureau de La Chambre (Marin), d'après Mignard (R. D. 24).
Très-belle épreuve du premier état. Elle a de la marge.

426 — Dupuis (Pierre), peintre de fleurs, d'après Mignard (R. D. 25).
Très-belle épreuve. Elle a de la marge.

427 — Forbin de Janson (Toussaint) (R. D. 27).
Belle épreuve.

428 — Harcourt (Henri de Lorraine, comte d'), d'après Mignard (R. D. 34).

Superbe épreuve du premier état, avant la taille échappée sur le front, près des cheveux, lors de la retouche de la planche et avant le n° 4, dans la marge à gauche. Avec une petite marge.

429 — Patin (Gui) (R. D. 59).
Belle épreuve.

MATHAM (Jacques)

330 — Les Disciples de Jésus-Christ, transportant son corps dans le sépulcre, d'après le Tintoret (B. 191).

Très-belle épreuve du premier état, non décrit, avant l'adresse de *Jean Nicolas Visscher*. Collection Vanden Zande.

MATHAM (Théodore)

431 — Buste de saint Pierre, d'après Guido Reni.
Belle épreuve sans aucunes lettres.

432 — Portrait de l'immortel Ignavia Factus, d'après Mirevelt.
Belle épreuve.

MELLAN (Claude)

433 — Saint Pierre Nolasque (A. de Montaiglon 90).
Très-belle épreuve d'un morceau capital et très-rare. Collections Scitivaux et Debois.

MEYSSENS (Jean)

434 — Méléagre présentant la hure du sanglier de Calidonie à Atalante, d'après Rubens (Basan, 19 des sujets de la Fable).
Superbe épreuve. Collection Vanden Zande.

MIDDIMAN (Sam.)

435 — *Shepherd's Amusement* (Amusements des Bergers), d'après N. Berghem.

Très-belle épreuve avant la lettre, seulement le titre, les armes, les noms d'auteurs, et la publication tracés à la pointe.

MORIN (Jean).

436 — Arnaud-d'Andilly (Jean), d'après Ph. de Champagne (R. D. 42).

Très-belle épreuve.

437 — Berthier (Pierre), évêque de Montauban, d'après Ph. de Champagne (R. D. 44).

Belle épreuve.

438 — Bentivoglio (Guido), cardinal, d'après Ant. Van Dyck (R. D. 45).

Très-belle épreuve.

439 — Bourbon-Conti (Armand de), d'après Juste (R. D. 47).

Très-belle épreuve.

440 — Camus (Jean-Pierre), évêque de Bellay, d'après Ph. de Champagne (R. D. 49).

Belle épreuve.

441 — Chrystin (N.), d'après Van Dyck (R. D. 51).

Très-belle épreuve.

442 — Franck (Jérôme), peintre (R. D. 52).

Très-belle épreuve avec grandes marges.

443 — Gesvres (François-Potier, marquis de), d'après Ph. de Champagne (R. D. 53).

Très-belle épreuve.

444 — Grimberghe (Honorine), comtesse de Bossu, d'après A. Van Dyck (R. D. 56).

Belle épreuve du premier état.

445 — Harcourt (Henri de Lorraine, comte d'), d'après Ph. de Champagne (R. D. 58).

Belle épreuve.

446 — Jansenius (Corneille), évêque d'Ypres, d'après Ph. de Champagne (R. D. 61).

Très-belle épreuve du premier état.

447 — Lemon (Marguerite), d'après Ant. Van Dyck (R. D. 62).

Très-belle épreuve.

448 — Maugis des Granges (Pierre), d'après Ph. de Champagne (R. D. 67).

Belle épreuve.

449 — Talon (Omer), d'après Ph. de Champagne (R. D. 74).

Très-belle épreuve.

450 — Tarisse (dom Jean-Grégoire), général de la Congrégation de Saint-Maur, d'ap. F. Domytan (R. D. 75).

Superbe épreuve.

451 — Tellier (Michel Le), d'après Ph. de Champagne (R. D. 76).

Très-belle épreuve.

452 — Thou (Jacques-Auguste de), d'après Ferdinand (R. D. 79).
Très-belle épreuve.

453 — Tubœuf (Jacques), d'après Ph. de Champagne (R. D. 80).
Très-belle épreuve.

454 — Valois (Charles de), duc d'Angoulême. (R. D. 81).
Belle épreuve.

455 — Vignerod (Jean-Baptiste-Amador), d'après Ph. de Champagne (R. D. 85).
Belle épreuve.

456 — Villemontée (François de), d'après Ph. de Champagne (R. D. 86).
Superbe épreuve.

MORGHEN (Raphael)

457 — La Cène, d'après Léonard de Vinci.
Magnifique épreuve avant la lettre, la dédicace, les armes et les noms d'auteurs tracés à la pointe. Elle a une belle marge.

458 — La même estampe.
Très-belle épreuve du premier état, avec la lettre, avant la virgule, après les mots : *Amen dico vobis*. Elle a toute sa marge.

459 — Jésus-Christ apparaissant à la Madeleine sous la figure d'un jardinier, d'après le Baroche.
Très-belle épreuve avant toutes lettres, seulement les noms d'auteurs tracés à la pointe.

460 — Tête de Christ, d'après Léonard de Vinci.
Belle épreuve avant la lettre, le titre et la dédicace tracés.

461 — La Vierge à la chaise, d'après Raphaël.
Très-belle épreuve avant la lettre, la dédicace et les noms d'auteurs tracés.

462 — La Vierge vue à mi-corps dans un paysage ; elle tient l'Enfant Jésus couché dans ses bras, d'après le Titien. Estampe connue sous le titre de *Parce sommum rumpere*.
Très-belle épreuve avant la lettre, le titre et les noms d'auteurs tracés à la pointe.

463 — La Vierge au sac, d'après André del Sarte.
Très-belle épreuve avant toutes lettres.

464 — Le Repos en Égypte et la Danse des heures. Deux estampes d'après le Poussin, faisant pendants.
Belles épreuves avant la lettre, seulement la dédicace, les armes et les noms d'auteurs tracés.

465 — Angélique et Médor, d'après T. Matteini.
Belle épreuve avant la lettre.

465 bis — Les Trois Ages, d'après Gérard.
Superbe épreuve avant toutes lettres. Extrèmement rare.

466 — Le Cavalier de Moncade, en cuirasse, représenté à cheval, d'après Van Dyck.
Très-belle épreuve avant la lettre, la dédicace, les armes et les noms d'auteurs tracés.

467 — Jeanne d'Aragon, d'après Raphaël.
Très-belle épreuve avant toutes lettres, sur papier de Chine. Très-rare.

468 — La Fornarina, d'après Raphaël.
Très-belle épreuve avant la lettre (lettres tracées).

MULLER (Frédéric)

469 — La Madone de Saint-Sixte, d'après Raphaël.
Superbe épreuve.

470 — Saint Jean l'évangéliste, d'après le Dominiquin.
Très-belle épreuve de l'édition de 1808.

MULLER (Jean-Gothard Von)

471 — La Vierge à la chaise, d'après Raphaël.
Superbe épreuve avant toutes lettres.

MULLER (Jean)

472 — Portrait de Pierre Swelingus, célèbre musicien organiste.
Superbe épreuve avant toutes lettres et avant des contretailles sur l'habit du personnage. Très-rare. Collections de Fries et Verstolk de Sœlen.

473 — Le même portrait.
Très-belle épreuve avec la lettre, provenant des mêmes collections.

474 — Ambroise Spinola, d'après Mirevelt.
Très-belle épreuve.

475 — Joannis Neyen, d'après Mirevelt.
Belle épreuve.

NANTEUIL (Robert)

476 — Anne d'Autriche, d'après Mignard (R. D. 22).
Belle épreuve du deuxième état.

477 — Le même personnage (R. D. 23).
Très-belle épreuve du premier état.

478 — Le même portrait.
Très-belle épreuve du deuxième état.

479 — Arnauld de Pomponne (Simon), ministre d'État (R. D. 24).
Très-belle épreuve.

480 — Pomponne de Bellièvre, premier président au Parlement de Paris, d'après C. Lebrun. (R. D. 37). Ce portrait est le chef-d'œuvre de l'œuvre de Nanteuil.
Très-belle épreuve.

481 — Benoise (Charles), conseiller au Parlement de Paris (R. D. 38).
Belle épreuve.

482 — Bossuet (Jacques-Bénigne), évêque de Meaux (R. D. 45).
Très-belle épreuve du premier état. Rare.

483 — Bouillon (Godefroi-Maurice de La Tour d'Auvergne, duc de), grand chambellan de France. (R. D. 50).
Très-belle épreuve du deuxième état.
NOTA. Il existe cinq états postérieurs à celui-ci.

484 — Bouthillier (Victor Le), archevêque de Tours (R. D. 54).
Très-belle épreuve.

485 — Le même personnage (R. D. 55).
Très-belle épreuve du premier état. Collection Donadieu.

486 — Le même personnage (R. D. 56).
Très-belle épreuve.

487 — Bragelonne (Marie de), veuve de Claude Le Bouthillier, surintendant des finances (R. D. 57).
Très-belle épreuve.

488 — Chamillard (Gui), maître des requêtes de l'Hôtel. (R. D. 59).
Très-belle épreuve.

489 — Charles-Emmanuel II, duc de Savoie (R. D. 61).
Très-belle épreuve.

490 — Charles II de Gonzague, duc de Mantoue. (R. D. 62).
Très-belle épreuve d'un portrait fort rare.

491 — Charles V de Lorraine. (R. D. 63).
Très-belle épreuve.

492 — Chaubard (N.), conseiller au Parlement de Toulouse (R. D. 64).
Très-belle épreuve.

493 — Colbert (Jean-Baptiste), contrôleur général des finances, d'après Ph. de Champagne. (R. D. 71).
Superbe épreuve du troisième état.

494 — Le même personnage (R. D. 72).
Superbe épreuve du deuxième état.

495 — Courtin (Honoré), conseiller d'État. (R. D. 80).
Superbe épreuve du premier état, avant la lettre.

496 — Feret (Hippolyte), curé de Saint-Nicolas-du-Chardonnet (R. D. 95).
Très-belle épreuve du premier état. Collection Vanden Zande.

497 — Fronteau (Jean), chanoine de Sainte-Geneviève. (R. D. 79).
Belle épreuve du premier état, avant l'inscription au verso.

498 — Gillier (Melchior de), maître d'hôtel du roi (R. D. 102).
Très-belle épreuve.

499 — Gillier (Mme de), née Marie Joly (R. D. 103).
Belle épreuve.

500 — La Chambre (Marin Cureau de), médecin du roi (R. D. 116).
Superbe épreuve du premier état, avec marges. Rare.

501 — Le même portrait.
Belle épreuve du troisième état.

502 — La Meilleraye (Charles de la Porte, duc de), maréchal de France (R. D. 118).
Très-belle épreuve.

503 — Lamoignon (Guillaume de), président au Parlement de Paris (R. D. 119).
Très-belle épreuve du premier état.

504 — Le Masle (Michel), chanoine de l'Église de Paris (R. D. 126).
Belle épreuve du premier état, avec l'année 1658. Elle a de la marge.

505 — Le Tellier (Michel) ministre d'État (R. D. 130).
Magnifique épreuve. Collection Vanden Zande.

506 — Le même personnage (R. D. 131).
Superbe épreuve.

507 — Le même personnage (R. D. 134).
Superbe épreuve du premier état.

508 — Lotin de Charny (François), président au Parlement (R. D. 151).
Superbe épreuve avec belle marge.

509 — Louise-Marie de Gonzague, reine de Pologne, d'après Juste (R. D. 164).
Belle épreuve du deuxième état.

510 — Mallier du Houssay (François), évêque de Troyes (R. D. 167).
Superbe épreuve avec marge.

511 — Maridat de Serrières (Pierre de), conseiller au grand conseil (R. D. 168).
Très-belle épreuve avec grandes marges.

512 — Marie-Jeanne-Baptiste de Savoie-Nemours, duchesse de Savoie (R. D. 169).
Très-belle épreuve du premier état.

513 — Marolles (Michel de), abbé de Villeloing (R. D. 171).
Superbe épreuve du premier état, avec belles marges.

514 — Mazarin (Jules), cardinal, ministre d'État (R. D. 174).
Belle épreuve du deuxième état.

515 — Mazarin (Jules), cardinal, ministre d'État (R. D. 177).
Très-belle épreuve.

516 — Le même personnage (R. D. 178).
Très-belle épreuve.

517 — Le même personnage (R. D. 183).
Très-belle épreuve d'un portrait rare.

518 — Le même personnage (R. D. 187).
Superbe épreuve du premier état. Très-rare. Collection Vanden Zande.

519 — Ménage (Gilles), homme de lettres (R. D. 188).
Très-belle épreuve du premier état, avec grandes marges.

520 — Mercœur (Louis de Vendôme, duc de) (R. D. 189).
Belle épreuve.

521 — Molé (Mathieu), garde des sceaux (R. D. 190).
Très-belle épreuve, avec grandes marges.

522 — Montpezat de Carbon (Jean de), archevêque de Bourges (R. D. 196).
Très-belle épreuve du premier état.

523 — Mouy (Henri de Lorraine, marquis de) (R. D. 197).
Belle épreuve du premier état.

524 — Péréfixe de Beaumont (Hardouin de), archevêque de Paris (R. D. 211).
Très-belle épreuve du deuxième état.
Notà. Il existe deux états postérieurs à celui-ci.

525 — Péréfixe de Beaumont (Hardouin de), archevêque de Paris (R. D. 214).
Très-belle épreuve du premier état. Rare.

526 — Poncet (Pierre), maître des requêtes (R. D. 215).
Superbe épreuve du premier état, avec marge.

527 — La même estampe.
Très-belle épreuve du deuxième état.

528 — Regnauldin (Claude), procureur général au grand conseil (R. D. 216).
Superbe épreuve du premier état, avec la planche accessoire contenant le sonnet. Très-rare.

529 — Richelieu (Armand-Paul du Plessis, cardinal, duc de), d'après Ph. de Champagne (R. D. 218).
Très-belle épreuve du deuxième état, d'un portrait fort rare. Double, provenant de la bibliothèque de S. M. le roi de Prusse.

530 — Servien (François), évêque de Bayeux (R. D. 225).
Belle épreuve du premier état.

531 — Steenberghen (Jean-Baptiste Van), conseiller du roi au conseil de Flandre, d'après Duchastel (R. D. 226). Portrait connu sous le nom de l'AVOCAT DE HOLLANDE.
Superbe épreuve du premier état. Rare.

532 — Turenne (Henri de La Tour d'Auvergne, vicomte de), maréchal de France (R. D. 233).
Superbe épreuve du deuxième état.
NOTA. Il existe quatre états postérieurs à celui-ci.

533 — Le Camus (Jean), conseiller d'État (R. D. App. 4).
Très-belle épreuve.

NATALIS (MICHEL)

534 — Jésus chez le Pharisien, d'après Rubens (Basan, 55 des sujets du Nouveau Testament).
Très-belle épreuve.

535 — La Sainte Famille, d'après N. Poussin.

Superbe épreuve antérieure au premier état décrit, avant les quatre vers latins : *Noscitur*, etc. Extrêmement rare. Cabinet Delamotte Fouquet.

536 — La même estampe.

Belle épreuve du premier état, avant la draperie sur l'Enfant Jésus.

537 — La Sainte Famille dans un paysage, d'après S. Bourdon.

Très-belle épreuve antérieure au premier état décrit, avant toutes lettres. Très-rare. Collection Vanden Zande.

538 — La Sainte Vierge et le jeune saint Jean près de l'Enfant Jésus endormi.

Très-belle épreuve du premier état, avant la draperie ajoutée pour couvrir le sein de la Vierge, avant les armes et la dédicace. Collection Vanden Zande.

NEEFS (Jacques)

539 — Le Martyre de saint Thomas, d'après Rubens (Basan, 48 des sujets de Saints).

Très-belle épreuve, avec le *Cum privilegio Consilii sanctioris et Brabantiæ*.

540 — Jésus-Christ devant Pilate, d'après J. Jordaens.

Très-belle épreuve du premier état, avec l'adresse de *Martinus Vanden Enden*, qui plus tard a été remplacée par celle de Gillis Hendricx. Collection Vanden Zande.

541 — Le même sujet.

Ancienne épreuve avec l'adresse de *Gillis Hendricx*.

542 — Le Satyre chez les paysans, d'après J. Jordaens.

Superbe épreuve du premier état, avant l'adresse de *Ab. Bloteling*. Collection Vanden Zande.

543 — Une Femme à sa toilette, d'après J. Jordaens.

Très-belle épreuve tirée avant le n° 14 dans le bas de la marge inférieure, à droite.

NICOLLET (B.-A.)

544 — La Vierge au baldaquin, d'après Raphaël.

Très-belle épreuve avant la lettre.

ORLEY (Richard Van)

545 — Bacchus ivre, soutenu par des Satyres, d'après Rubens (Bazan, 59 des sujets de la Fable).

Belle épreuve.

PANNEELS (Guillaume)

546 — David étouffant un ours, d'après Rubens (Basan, 25 de l'Anc. Test.).

Belle épreuve.

547 — David coupant la tête à Goliath, d'après Rubens (Basan, 22 des sujets de l'Anc. Test.).

Belle épreuve.

548 — Saint Sébastien, d'après Rubens (Basan, 45 des sujets de Saints).

Belle épreuve.

549 — La Madeleine chez le pharisien, d'après Rubens (Basan, 56 des sujets du Nouv. Test.).

Belle épreuve.

PERFETTI (Antoine)

550 — La Nativité de la Vierge, d'après André del Sarte.

Très-belle épreuve avant toutes lettres. Collection Arch. de Milan.

PERSYN (R.-A.)

551 — Portrait de Johannis Valckii, d'après Chr. Pierson.
Belle épreuve. Collection Debois.

PESNE (Jean)

552 — Le Ravissement de saint Paul, d'après le Poussin (R. D. 12).

Très-belle épreuve du premier état, avant l'adresse de Leblond répétée sur le ciel, et aussi avant que le petit nuage au-dessus de l'avant-bras du saint, ait été teinté. Très-rare.

553 — La même estampe.
Belle épreuve.

554 — La grande Sainte Famille servie par les anges, d'après le Poussin (R. D. 16).

Très-belle épreuve du premier état, avant l'adresse de Vallet.

555 — La même estampe.
Ancienne épreuve.

556 — La Mort de Saphire, d'après le Poussin (R. D. 19).
Belle épreuve du premier état, avant l'adresse de Drevet.

557 — Le Testament d'Eudamidas, d'après le Poussin (R. D. 29).
Superbe épreuve du deuxième état, signée P. Mariette, 1692.

PETHER (William)

558 — Homme tenant un glaive, d'après Rembrandt.
Belle épreuve avant la lettre.

PITAU (Nicolas)

559 — L'Enfant Jésus adoré par deux anges, d'après S. François.

Belle épreuve.

560 — L'Enfant Jésus adoré par des anges, d'après Villequin.

Très-belle épreuve.

POILLY (François de)

560 bis — La Vierge au berceau, d'après Raphaël.

Très-belle épreuve avant les deux lignes de dédicace à Jean-Antoine de Mesmes et avec ses armes qui plus tard ont été changées. Rare.

561 — Saint Charles-Borromée donnant la communion aux pestiférés de Milan, d'après Mignard.

Superbe épreuve du premier état, où le saint administre le viatique de la main gauche, avant les travaux renforcés et avec l'inscription de *Petrus Mignard archetypum pinxit*, etc., qui a été ensuite remplacée par l'adresse de la V° Chereau. Très-rare.

562 — La même estampe.

Ancienne épreuve avec les changements faits à la planche.

562 bis — Saint Jean dans l'île de Pathmos, d'après C. Le Brun.

Très-belle épreuve avant la lettre, les armes et avant l'inscription sur la feuille développée sous les griffes de l'aigle.

PONTIUS ou DUPONT (Paul)

563 — Suzanne surprise par les vieillards, d'après Rubens (Basan, 34 des sujets de l'Anc. Test.).

Superbe épreuve.

564 — Le Massacre des Innocents, d'après Rubens (Basan, 32 des sujets du Nouv. Test.). Grande estampe en largeur.

Superbe épreuve. Très-rare de cette beauté. Collection Robelot.

565 — Le Portement de croix, d'après Rubens (Basan, 75 des sujets du Nouv. Test.).

Superbe épreuve.

566 — La Flagellation, d'après Rubens (Basan, 78 des sujets du Nouv. Test.).

Très-belle épreuve, avec l'adresse de C. Vanderstock. Collection Vanden Zande.

567 — Jésus-Christ mort sur les genoux de la Vierge, d'après Rubens (Basan, 101 des sujets du Nouv. Test.).

Très-belle épreuve, avec l'adresse du graveur. Elle a de la marge.

568 — Le tableau de la chapelle où est le tombeau de Rubens, d'après Rubens (Basan, 17 des sujets d'Histoire, etc.).

Superbe épreuve d'un état non décrit, avant le titre : *Laudate Dominum in sanctis ejus*, etc. Extrêmement rare.

569 — La Descente du Saint-Esprit sur la Vierge et les Apôtres, d'après Rubens (Basan, 119 du Nouv. Test.).

Très-belle épreuve, avec l'adresse du graveur.

570 — Assomption de la Vierge, d'après Rubens (Basan, 9 des sujets de Vierges).

Très-belle épreuve avec l'adresse du graveur; elle porte au verso la signature de P. Mariette, 1672.

571 — Saint Roch intercédant pour les pestiférés, d'après Rubens (Basan, 44 des sujets de Saints).

Superbe épreuve.

572 — Thomiris faisant plonger la tête de Cyrus dans un bassin rempli de sang, d'après Rubens (Basan, 22 des sujets d'Histoire).

Magnifique épreuve.

573 — Rubens (Pierre-Paul), d'après lui-même (Basan, 1 des port.).

Magnifique épreuve.

574 — Philippe IV, roi d'Espagne, d'après Rubens (Basan, 16 des port.).

Superbe épreuve du premier état, avant que la moustache du personnage ait été retroussée, et avant l'adresse de *Gillis Hendricx*. Collection Vanden Zande.

575 — Élisabeth de Bourbon, sa femme, d'après le même peintre (Basan, 17 des port.).

Superbe épreuve du premier état, avant l'adresse de *Gillis Hendricx*. Collection Vanden Zande.

576 — Ferdinand, cardinal, infant d'Espagne, à cheval, d'après Rubens (Basan, 38 des port.).

Superbe épreuve.

577 — La Sainte Vierge et l'Enfant Jésus, d'après Van Dyck.

Magnifique épreuve. Collection Vanden Zande.

578 — Jésus-Christ mort, soutenu par la sainte Vierge, d'après Van Dyck.

Très-belle épreuve du premier état, avec le *Cum privilegio. Regis*, et avant l'adresse de *A. Bonenfant excu*.

579 — La même estampe.
Belle épreuve, avec l'adresse de A. Bonenfant.

580 — Sainte Rosalie, reine de Sicile, couronnée par l'Enfant Jésus, d'après Van Dyck.
Très-belle épreuve. Pièce rare.

581 — La Fuite en Égypte, d'après J. Jordaens.
Superbe épreuve du premier état, avant l'adresse de *Ab. Bloteling*.

582 — Le Roi boit, d'après Jordaens.
Très-belle épreuve avant le numéro 5, à la droite de la marge du bas.

583 — La Mise au tombeau, d'après le Titien.
Très-belle épreuve.

584 — La Sainte Famille, d'après Jean Van Hoeck.
Très-belle épreuve, avec l'adresse de P. Ballin. Collection Vanden Zande.

585 — Rubens et Van Dyck, gravés sur une seule planche, d'après Van Dyck.
Très-belle épreuve.

586 — Nicolas Rockox, d'après Van Dyck.
Belle épreuve avant les mots : *Pet. Paul Rubenius*.

587 — Jacques Roelans, d'après Willebords.
Superbe épreuve avant toutes lettres. Rare. Collection Gawet.

588 — Jacques Roelans.
Superbe épreuve.

589 — Léopold, empereur d'Allemagne, d'après F. Luyez.
Superbe épreuve. Rare.

590 — Marius Ambrosius Capellus, évêque d'Anvers, d'après Diepenbecke.

Très-belle épreuve.

591 — Lamoral, comte de Tassis, d'après Nic. Van der Horet.

Belle épreuve.

592 — Baldinus Van Eck, amateur de peintures, d'après Goz. Cok.

Belle épreuve avec marges.

POPELS (Jean)

593 — Triomphe de Bacchus monté sur un âne (Basan, 61 des sujets de la Fable).

Très-belle épreuve.

PORPORATI (Charles)

594 — Le Bain de Léda, d'après le Corrège.

Belle épreuve avant la lettre, le nom de Porporati tracé à la pointe. Elle a toute sa marge.

POUSSIN (D'après Nicolas)

595 — Repos de la Sainte Famille en Égypte, par Jean Dughet.

Provenant de la collection Gawet.

QUELLINIUS (Érasme)

596 — Le Triomphe de Bacchus, enfant.

Très-belle épreuve d'une pièce fort rare. Collections P. Visscher et Vanden Zande.

597 — Jésus-Christ donnant les clefs à saint Pierre, d'après Rubens (Basan, 49 des sujets du Nouv. Test.).

Belle épreuve du premier état, avant l'adresse de *Martinus Vanden Enden.*

598 — La Sainte Vierge et l'Enfant Jésus, d'après Rubens (Basan, 33 des sujets de Vierges).

Belle épreuve.

QUELLINIUS (Hubert)

599 — Portrait de Artus Quellinius, statuaire d'Amsterdam.

Belle épreuve.

RAIMONDI (Marc-Antoine)

600 — Jésus-Christ à table chez Simon le Pharisien, d'après Raphaël (B. 23).

Belle épreuve. Collection Martelli.

RAVENNE (Marc-Dente, dit de)

601 — La Vierge à la longue cuisse, d'après Raphaël (B. 58).

Épreuve du premier état, avant l'adresse de *Ant. Salamanca.* Collection Vanden Zande.

REINDEL (Albrecht)

602 — Les quatre Évangélistes, d'après A Durer.

Belle épreuve.

ROTA (Martin)

603 — La Résurrection, d'après F. Zucchero (B. 12).

Très-belle épreuve.

RIBAULT (J.-F.)

604 — Le Couronnement d'épines, d'après le Titien.
Belle épreuve avant la lettre, dite d'artiste.

RICHOMME (Joseph-Théodore)

605 — La Sainte Famille, d'après Raphaël.
Superbe épreuve avant la lettre; elle a toute sa marge.

606 — La même estampe.
Très-belle épreuve, avec la lettre.

607 — La Vierge au livre, d'après Raphaël.
Très-belle épreuve avant la lettre, sur papier de Chine. Portant le n° 12.

608 — Le silence de la Vierge, d'après Annibal Carrache.
Très-belle épreuve avant la lettre.

609 — Les cinq Saints, d'après Raphaël.
Très-belle épreuve avant la lettre.

610 — Le Triomphe de Galathée, d'après Raphaël.
Superbe épreuve avant la lettre (lettres tracées).

611 — Thétis portant l'armure d'Achille, d'après Gérard.
Superbe épreuve avant la lettre (lettres tracées).

612 — Portrait de Marc-Antoine Raimondi, d'après Raphaël.
Très-belle épreuve avant la lettre.

ROULLET (Jean-Louis)

613 — La Vierge aux raisins, d'après Mignard.
Superbe épreuve avant la lettre. Collection Revil. Très-rare.

614 — Le corps mort de Jésus-Christ étendu sur les genoux de la Vierge, d'après Annibal Carrache.

Belle épreuve avant le titre *Divino afflatur*.... etc., dans le milieu de la marge. Rare.

RUBENS (Pierre-Paul)

615 — Sainte Catherine (Basan, 15 des sujets de Saintes). Belle pièce gravée à l'eau-forte.

Très-belle épreuve.

616 — Sainte Madeleine (Basan, 28 des sujets de Saintes). Belle épreuve.

RUBENS (P.-P., d'après)

617 — La Pêche du poisson, pour payer le tribut (Basan, 44 du Nouv. Test.).

Très-belle épreuve. Collection Vanden Zande.

618 — La Sainte Famille (Basan, 54 *bis*).

Superbe épreuve avant l'adresse d'*A. Bon Enfant*.

619 — Les Noces de Thétis et de Pélée (Basan, 41 des sujets de la Fable).

Franciscus Vanden Wyngaerde fecit et excud. Pièce gravée à l'eau-forte. Belle épreuve.

620 — Hospitalité de Philémon et de Baucis envers Jupiter et Mercure (Basan, 34 des sujets de la Fable).

Belle épreuve. Collection Vanden Zande.

621 — Des soldats faisant tapage (Basan, 63 des sujets allégoriques, etc.).

Pièce gravée par F. Vanden Wyngaerde.

621 bis — Saint Georges et la princesse représentés sous les figures de Charles Ier, roi d'Angleterre, et de Henriette de France. Pièce faisant allusion au mariage de ces personnages.

Très-belle épreuve avant la lettre. Rare.

RYCKMANS (Nicolas)

622 — Achille à la cour de Lycomède, d'après Rubens (Basan, 2 des sujets de la Fable).

Superbe épreuve.

SADELER (Égide)

623 — Le Massacre des innocents, d'après Jacques Robusti dit le Tintoret.

Très-belle épreuve.

SADELER (Gilles)

624 — L'Annonciation aux bergers, d'après Le Bassan.

Superbe épreuve. Collection H. de Lasalle.

SAENREDAM (Jean)

625 — Les trois déesses Pallas, Vénus et Junon. Suite de trois estampes (B. 62-64).

Très-belles épreuves du premier état, avant l'adresse de *Robb de Baudous*.

626 — La danse d'Hérodiade, d'après K. Mandere.

Superbe épreuve d'une pièce fort curieuse, et intéressante pour les costumes.

SANDRART (Joachim)

627 — Balthasar Castiglione, d'après Raphaël.

Superbe épreuve.

628 — Louis Arioste, d'après le Titien.
Très-belle épreuve.

SANNUTI (Jules)

629 — Le départ d'Adonis pour la chasse.
Superbe épreuve d'une pièce inconnue à Bartsch.

SCHARP (William)

630 — Les docteurs de l'Église.
Très-belle épreuve avant la lettre ; seulement les armes et les noms d'auteurs tracés à la pointe.

631 — Sainte Cécile.
Superbe et toute première épreuve avant la bordure, avec le titre et les noms d'auteurs tracés à la pointe, et avec l'année de publication en 1790 qui, plus tard, a été transformée en 1791.

632 — La même composition répétée en petit format.
Belle épreuve sur papier de Chine.

SCHMIDT (Georges-Frédéric)

633 — Présentation de la Vierge au temple, d'après Pierre Testa.
Superbe épreuve avant le titre, la dédicace et les armes. Très-rare. Collection Vanden Zande.

634 — La Présentation au temple, d'après Dietricy.
Superbe épreuve avec marge.

635 — Abraham renvoyant Sara, d'après Dietricy.
Très-belle épreuve avec grandes marges. Collection Vanden Zande.

636 — Loth et ses filles, d'après Rembrandt.
Très-belle épreuve. Collection Vanden Zande.

637 — Mignard (Pierre), premier peintre du roi, d'après Rigaud.

Très-belle épreuve avant l'astérisque au milieu de la marge du bas. Elle a de la marge.

638 — Maurice Quentin de la Tour, d'après lui-même.

Superbe épreuve.

639 — Nicolas Esterhasi, d'après Tocqué.

Très-belle épreuve tirée avant le burin gravé, à droite, sur l'épaisseur de la console. Collection Vanden Zande.

640 — Le même portrait.

Belle épreuve sur papier de Chine.

641 — Splitgerber (David), d'après Falbé.

Superbe épreuve portant le timbre sec du graveur, au-dessous de l'année 1766, indiquant que c'est une épreuve de choix.

642 — Antoine Pesne, peintre, d'après lui-même.

Belle épreuve avec grandes marges.

643 — Auguste III, roi de Pologne, d'ap. Louis de Silvestre.

Belle épreuve avant l'astérisque au milieu de la marge du bas.

644 — Marie Josephe, reine de Pologne, d'après Louis de Silvestre.

Belle épreuve avant l'astérisque au milieu de la marge du bas.

SCHMUTZER ou SCHMUZER (Jacques)

645 — La famille de Rubens, d'après le tableau de ce peintre.

Très-belle épreuve avant toutes lettres. Collection Vanden Zande.

SCHUPPEN (Pierre Van)

646 — Sainte Famille, d'après S. Bourdon.
Très-belle épreuve avant la lettre et avant les draperies.

647 — La Vierge avec l'Enfant Jésus sur ses genoux, adoré par un ange, d'après Ant. Van Dyck.
Superbe épreuve avant la lettre et les armes.

648 — Saint Sébastien après son martyre, d'après Van Dyck.
Belle épreuve.

649 — Louis XIV, dans un médaillon entouré de différents trophées et soutenu par deux génies, d'après Mignard.
Très-belle épreuve.

650 — Louis XIV jeune, d'après Vaillant.
Belle épreuve avec grandes marges.

651 — Lorraine (Armande-Henriette de), coadjutrice de l'abbaye de Notre-Dame-de-Soissons, fille de M. le comte d'Harcourt.
Très-belle épreuve.

652 — Deshoulières (Antoinette de La Garde), veuve de M. de Lafon de Boisguerin, seigneur Deshoulières, d'après E.-S. Cheron.
Belle épreuve.

SIMONNEAU (Louis)

653 — La Femme adultère, d'après Ant. Coypel.
Très-belle épreuve avant toutes lettres. Rare.

SMITH (Samuel)

654 — *The finding of Moses* (Moïse sauvé des eaux), d'après Zuccarelli.

Très-belle épreuve avant la lettre; seulement les armes, les noms d'auteurs et la publication, en 1788, tracés à la pointe.

SNYERS (Hend.)

655 — Saint François d'Assise mourant reçoit la communion, d'après Rubens (Basan, 15 des sujets de Saints).

Belle épreuve.

SOMPEL (Pierre Van)

656 — Les Pèlerins d'Emaüs, d'après Rubens (Basan, 115 des sujets du Nouv. Test.).

Belle épreuve. Collection du chevalier D....

657 — Erichtonius dans la corbeille, d'après Rubens (Basan, 11 des sujets de la Fable).

Belle épreuve.

658 — Ixion trompé par Junon, d'après Rubens (Basan, 18 des sujets de la Fable).

Belle épreuve.

SOUTMAN (Pierre)

659 — Sennacherib épouvanté du carnage que l'ange exterminateur fait dans son armée, d'après Rubens (Basan, 25 des sujets de l'Ancien Testament).

Très-belle épreuve.

660 — La Pêche miraculeuse, d'après Rubens (Basan, 47 des sujets du Nouv. Test.).

Très-belle épreuve du premier état, avant *Clément de Jonghe ex.* au-dessous du nom du graveur. Collection Vanden Zande.

661 — Le même sujet.

Belle épreuve du deuxième état, non décrit, avec l'adresse de *Clément de Jonghe*. Collection Vanden Zande.

662 — La Cène, par Rubens, d'après Léonard de Vinci (Basan, 64 des sujets du Nouv. Test.).

Belle épreuve.

663 — Chute des Réprouvés, d'après Rubens (Basan, 126 des sujets du Nouv. Test.).

Belle épreuve du premier état, avant l'adresse de *Phil. Bouttat junior*. Collection Gawet.

664 — Le Sacre d'un évêque, d'après Rubens (Basan, 47 des sujets de Saints).

Superbe épreuve du premier état, non décrit, avant les mots : *P. Soutman fecit et excud*. Collections Debois et Vanden Zande.

665 — Le même sujet.

Belle épreuve du deuxième état, avec le nom et l'adresse du graveur.

666 — L'Enlèvement de Proserpine, d'après Rubens (Basan, 37, des sujets de la Fable).

Superbe épreuve du premier état, non décrit, avant le nom du graveur et l'adresse de *Fréd. de Widt*. Collection Vanden Zande.

667 — Silène ivre, soutenue par une satyresse et une négresse, d'après Rubens (Basan, 64 des sujets de la Fable).

Belle épreuve. Collection Vanden Zande.

668 — Le Grand Sultan, ou son Visir à cheval, accompagné de ses principaux officiers, d'après Rubens (Basan, 34 des sujets d'Histoire, etc.).

Très-belle épreuve. Collection Vanden Zande.

669 — Chasse aux lions, d'après Rubens (Basan, 21-3 des diff. suites).

Belle épreuve.

670 — Chasse au loup (Basan, 21-5 diff. suites).

Belle épreuve.

671 — Chasse au sanglier, d'après Rubens (Basan, 21-9 des diff. suites). Pièce gravée en deux planches.

Belles épreuves non assemblées.

672 — Jésus saisi par les Juifs, d'après Van Dyck.

Très-belle épreuve avec : *P. Soutman fecit et excud. cum privil.* Collection Vanden Zande.

673 — Jésus-Christ remettant les clefs à ses apôtres, d'après Raphaël.

Superbe épreuve avec l'adresse de : *P. Soutman delin. et excud. cum privil.*

STEINLA (Maurizio)

674 — Jésus-Christ mort soutenu par la Sainte-Vierge et saint Jean, d'après Fra Bartolomeo.

Belle épreuve avant la lettre; seulement les armes. Rare.

STELLA (Antoinette Bouzonnet)

675 — Des Bergers découvrant Romulus et Remus.

Très-belle épreuve du premier état, avant le nom du peintre. Collection Vanden Zande.

STELLA (Claudine Bouzonnet)

676 — Le Frappement du rocher, d'après Le Poussin.

Très-belle épreuve du premier état, avant les changements dans les noms des artistes. Collection Debois. Très-rare.

677 — Sainte Famille, d'après Le Poussin.

Très-belle épreuve. Collection Gawet.

678 — La Passion de Jésus-Christ. Suite de quatorze pièces.

Belles épreuves.

679 — Jésus-Christ en croix entre les deux larrons. Grande composition en largeur, d'après Le Poussin.

Très-belle épreuve avant la lettre.

STRANGE (Robert)

680 — L'Enfant Jésus dormant, d'après Van Dyck.

Très-belle épreuve du premier état, avant la lettre.

681 — Charles Ier, en pied, près de son cheval que tient un écuyer, d'après Ant. Van Dyck.

Très-belle épreuve.

682 — Charles Ier, roi d'Angleterre, en manteau royal, d'après Ant. Van Dyck.

Très-belle épreuve avec grandes marges.

SURRUGUE (Louis)

683 — Chasse au sanglier, d'après Ch. Lebrun.

Belle épreuve avant la lettre.

SUYDERHOEF (Jonas)

684 — Conrad Vietor et Van Aken, d'après F. Hals. Catalogue de l'œuvre de Jonas Suyderhoef, par M. Johann Wussin (n. 2).
Superbe épreuve.

685 — Samuel Ampsing, d'après F. Hals (J. W. 6).
Superbe épreuve avant l'adresse de *Hugo-Allardt excud.*

686 — Johann Beenius, d'après Van Uliet (J. W. 10).
Superbe épreuve.

687 — Johann Clauberg, d'après C. Pfeffer (J. W. 19).
Très-belle épreuve.

688 — Constantin, l'empereur, Ab. Oppyck, d'après Baudrigeen (J. W. 24).
Très-belle épreuve du deuxième état, avant l'adresse de *C. Dankerts.*

689 — Ferdinand III, d'après Soutman (J. W. 26).
Superbe épreuve du premier état avant le n° 3. Collection Vanden Zande.

690 — Gillis de Glarges, d'après Mirevelt (J. W. 29).
Belle épreuve du deuxième état, avant l'adresse de *Danker Dankerts excudit.*

691 — Rudolph Hegger, d'après J.-D. Vos (J. W. 54).
Belle épreuve, signée au verso : *P. Mariette, 1696.*

692 — Daniel Heinsius, d'après Merek (J. W. 35).
Belle épreuve du deuxième état, avant l'adresse de *H. Allardt.*

693 — Johann, comte de Nassau, d'après Ant. Van Dyck (J. W. 42).

Très-belle épreuve du premier état, avant le n° 22.

694 — Maria Coniux, femme de Maximilian Ier (J. W. 52).

Très-belle épreuve du premier état, avant le n° 6.

695 — Maximilian Ier, empereur d'Allemagne, d'après Lucas de Leyde (J. W. 53).

Très-belle épreuve du premier état, avant le n° 5.

696 — Godard Van Rede (J. W. 69).

Très-belle épreuve du deuxième état, avant l'adresse de *Romb. v. d. Hoye exc.* Rare.

697 — Martin Von Tromp, d'après H. Pot (J. W. 90).

Très-belle épreuve d'un portrait rare.

698 — Wilhem Von Nassau, d'après G. Hondthorst (J. W. 98).

Belle épreuve du premier état, avant le n° 4.

699 — Uladislas VI, roi de Pologne (J. W. 101).

Très-belle épreuve du premier état, avant le n° 9.

700 — Les quatre bourgmestres d'Amsterdam, d'après Keyser (J. W. 102).

Très-belle épreuve d'un morceau capital de Suyderhoff.

701 — Les Plénipotentiaires assemblés à Munster pour le traité de la paix (J. W. 103).

Très-belle épreuve.

702 — La Chute des Réprouvés, d'après Rubens (Basan, 127 des sujets du Nouveau Testament) (J. W. 104).

Superbe épreuve du premier état.

703 — Bacchus ivre, soutenu par un satyre et par un more (Basan, 78 des sujets de la Fable) (J.W. 109).

Superbe épreuve, avec l'adresse de *P. Soutman excud. cum. Privil.*, qui a été remplacée postérieurement par celle de *Clément de Jonghe*. Collection Vanden Zande.

704 — Bacchanale, d'après Rubens (Basan, 54 des sujets de la Fable) (J. W. 108).

Superbe épreuve du premier état, avec l'adresse de *P. Soutman*. Il existe trois états postérieurs. Collection Vanden Zande.

705 — Le même sujet.

Belle épreuve du deuxième état, avec l'adresse de *Clément de Jonghe*.

706 — Homme donnant à boire à une femme, d'après Ostade (J. W. 118).

Très-belle épreuve du deuxième état, avec l'adresse de *Clément de Jonghe*, qui a été remplacée plus tard par celle de *F. de Witt*.

707 — La Querelle des Paysans, ou le Coup de couteau (J. W. 127).

Magnifique épreuve du premier état, avant l'adresse de *Clément de Jonghe*, et avant grand nombre de changements dans les travaux, notamment sur les jambes de l'homme qui s'enfuit, à la droite de l'estampe. Extrèmement rare. Collection de Verstolk de Soelen et Vanden Zande.

708 — La même estampe.

Superbe épreuve, avec l'adresse de *Clément de Jonghe*, qui a été remplacée plus tard par celle de *F. de Witt*.

709 — Chasse aux lions et aux tigres, d'après Rubens (Basan, 2 des différentes suites) (J. W. 129).

Très-belle épreuve.

710 — Les Joueurs de trictrac, d'après Ostade (J. W. 123).

Très-belle épreuve avant l'adresse de Visscher.

711 — Scène de paysans. Pièce dite le *Manche à balai*, d'après A. Van Ostade (J. W. 123).

Très-belle épreuve avant l'adresse de *Clément de Jonghe*.

712 — Les trois Commères, d'ap. A. Van Ostade (J. W. 120).

Belle épreuve.

TARDIEU (Pierre-Alexandre).

712 bis — L'Archange Gabriel terrassant le Démon, d'après Raphaël.

Belle épreuve avant toutes lettres.

TOSCHI (Paolo)

713 — La Madonna della Tenda, d'après Raphaël.

Belle épreuve avant la lettre ; le titre et les noms d'auteurs tracés. Elle a toute sa marge.

714 — La même estampe.

Belle épreuve avec la lettre.

715 — Repos en Égypte. Pièce connue sous le nom de la Vierge à l'écuelle, d'après le Corrège.

Superbe épreuve d'artiste, avant les noms d'auteurs, avant l'adresse de l'imprimeur, seulement l'adresse d'Artaria et Fontaine. Cette épreuve, ainsi que les deux suivantes, ont toute leur marge.

716 — La même estampe.

Très-belle épreuve avant la lettre, avec les noms d'auteurs.

717 — La même estampe.

Belle épreuve avant la lettre (lettres tracées).

718 — La Descente de Croix, d'après Daniel de Volterre.

Superbe épreuve avant toutes lettres ; seulement les noms d'auteurs tracés. Elle a toute sa marge.

UDEN (Lucas Van)

719 — Le Samaritain amenant sur son cheval, dans une hôtellerie, l'inconnu qu'il a trouvé sur son chemin, d'après le Titien (B. 55).
Très-belle épreuve.

720 — Paysages, d'après Rubens (B. 56 à 59).
Suite de quatre estampes.
Très-belles épreuves, le numéro 59 est avant le nom de P.-P. Rubens.

ULIET (Jean-Georges Van)

721 — Le Vendeur de chansons (B. 15).
Très-belle épreuve avant toute adresse. Collection Vanden Zande.

VAILLANT (W.)

722 — Portrait de Govaert Flinck, d'après Geraers.
Belle épreuve.

VANGELISTY (Vincent)

723 — Marc-Antoine d'Apchon, archevêque d'Auch, d'après Tischbein.
Très-belle épreuve avant toutes lettres. Rare en cet état.

VELDE (Jean Van de)

724 — Portrait de Johannes Torrentius, peintre d'Amsterdam.
Superbe épreuve avant la lettre, avant les noms de J. V. Velde sc. Très-rare.

VERMEULEN (C.)

725 — Marie-Louise de Tassis, d'après Van Dyck.
Très-belle épreuve.

VERKOLIE (N.)

726 — Portrait de Zomer, d'après A. Boone.
Belle épreuve.

VISSCHER (Corneille)

727 — Les Quatre Évangélistes.
Superbes épreuves du premier état, avant que les mots *et excudebat Harlemi 1650*, au-dessous du nom du graveur, aient été effacés. Collection Vanden Zande.

728 — Le Portement de Croix, d'après le Tintoret.
Superbe épreuve avant la lettre.

729 — La Mise au Tombeau, d'après le Tintoret.
Superbe épreuve avant la lettre.

730 — La Résurrection du Christ, d'après Paul Véronèse.
Très-belle épreuve avant la lettre, et avant que les marges du cuivre aient été nettoyées.

731 — Le Couronnement de la Vierge par deux anges, au milieu d'une troupe d'autres anges, d'après Rubens (Basan, 18 des sujets de Vierges).
Très-belle épreuve.

732 — Saint François d'Assise, recevant l'Enfant Jésus des mains de la Vierge, d'après Rubens (Basan, 13 des sujets de Saints).
Très-belle épreuve du premier état, avant le nom de *C. Visscher sculpsit* et avant que l'adresse de *P. Soutman excud.* ait été effacée.

733 — La même estampe.
Belle épreuve du deuxième état, avant l'adresse de *F. de Wit*.

734 — Intérieur de tabagie, où des hommes, des femmes et des enfants sont réunis près d'une cheminée, d'après A. Van Ostade. Pièce dite *les Patineurs*.
Magnifique épreuve avant la lettre. Rare.

735 — Le même sujet.
Très-belle épreuve, avec la lettre et l'adresse de *Clément de Jonghe*. Collection Verstolk de Soelen et Thorel.

736 — L'Hôtellerie, d'après P. de Laer.
Superbe épreuve du premier état, avant la lettre et le numéro. Très-rare. Collections Graves, Verstolk de Soelen et Vanden Zande.

737 — Scène de voleurs au clair de lune, d'après P. de Laer.
Superbe épreuve avant toutes lettres. Extrêmement rare. Collection Vanden Zande.

738 — La même estampe.
Belle épreuve.

739 — Villageoise et un jeune garçon gardant des animaux, d'après P. de Laer. Ce morceau fait le pendant du précédent.
Belle épreuve.

740 — Le Four, d'après P. de Laer.
Très-belle épreuve avant la lettre, avec belles marges.

741 — Le Coche volé, d'après P. de Laer.
Très-belle épreuve avant la lettre, avec marges.

742 — Le Convoi attaqué, d'après P. de Laer.
Très-belle épreuve avant la lettre, avec marges.

743 — Les Musiciens ambulants, d'après A. Van Ostade.
Belle épreuve.

744 — Buste de femme, d'après F. Mazzuoli, dit le *Parmesan*
Superbe épreuve avant la lettre, avec grandes marges.

745 — La Bohémienne.
Belle épreuve.

745 bis — Gellius Bouma, ministre de l'Évangile à Zutphen.
Épreuve de la plus grande beauté du premier état, où le feuillet du livre est tout blanc, et celui de droite n'a pas de tailles indiquant les lignes d'écritures; épreuve dite au *Livre blanc*. De la plus grande rareté.

746 — Lieven Van Coppenol, maître écrivain de Hollande.
Très-belle épreuve avant la lettre.

747 — Robert Junius, de Rotterdam.
Superbe épreuve.

748 — Joannes Merius, pasteur de Spanbroeck.
Belle épreuve.

749 — Pierre Scriverius, de Harlem, d'après P. Soutman.
Superbe épreuve du premier état, avec le mot *hac* pour *Haec*, au commencement de l'avant-dernier vers. Collection Vanden Zande.

750 — Helena Leonora de Sieuri, d'après Van Dyck.
Très-belle épreuve.

751 — Joost Vanden Vondel, poëte hollandais.
Belle épreuve avant l'adresse de *Justus Dankers excud*.

752 — Portraits de Franciscus Valdesius; Magdalena Moonsia; Janus Dousa; Ludovicus Boisotus. Suite complète de quatre estampes.
Très-belles épreuves, avec l'adresse de *Petro Soutmanno dirigente et excudente Harlemi, 1649, cum Privilegio*. Très-rares. Collection du chevalier D***.

VISSCHER (Jean)

753 — La Couseuse et la Fileuse. Deux beaux paysages faisant pendants.

Superbes épreuves, avec l'adresse de *Frederick de Widt*. L'épreuve de la Fileuse porte, au verso, la signature de *P. Mariette 1667*.

754 — Homme dévidant près d'une femme qui file, d'après A. Van Ostade.

Magnifique épreuve avant la lettre. Extrêmement rare. Collection Vanden Zande.

755 — Noce de Villageois, d'après A. Van Ostade.

Très-belle épreuve avant que la planche, dont la composition est ici en largeur, ait été divisée par le milieu, pour faire deux pendants en hauteur. Collection Vanden Zande.

756 — La Danse à la porte d'un cabaret, d'après A. Van Ostade.

Très-belle épreuve avant que l'adresse de Nicolas Visscher ait été effacée. Collection Vanden Zande.

757 — Le Bal dans la grange. Ce morceau fait le pendant du précédent.

Très-belle épreuve avec l'adresse de Nicolas Visscher.

758 — Intérieur où sont deux fumeurs, une femme et un enfant, d'après A. Van Ostade.

Très-belle épreuve. Collection Vanden Zande.

759 — Paysans jouant au trictrac, d'après A. Van Ostade.

Superbe épreuve. Collection Vanden Zande.

VISSCHER (Lambert)

760 — Jean de Wit, grand pensionnaire de Hollande.

Très-belle épreuve du premier état, où le personnage est représenté seul dans la salle des États de Hollande. Dans l'état postérieur, le portrait de son frère est ajouté.

VISSCHER *excudit*

761 — Adrien Junius, médecin.
Très-belle épreuve.

VOET (Alexandre)

762 — Le Martyre de saint André, d'après Rubens (Basan, 2 des sujets de Saints).
Très-belle épreuve avec l'adresse du graveur.

763 — Un Satyre tenant une corbeille pleine de raisins (Basan, 62 des sujets de la Fable).
Très-belle épreuve, avec *Alex. Voet. iunior sculpsit et excudit Antuerpiæ*.

764 — Sénèque debout, prêt à expirer dans le bain, d'après Rubens (Basan, 19 des sujets d'Histoire, etc.).
Ancienne épreuve. Collection Robelot.

765 — Charité romaine, d'après Rubens (Basan, 37 des Allégories, etc.).
Belle épreuve.

766 — La Folie tenant un chat, d'après J. Jordaens.
Superbe épreuve, avec l'adresse de *Alex. Voet. iunior sculpsit et excud.* Rare.

VOLPATO (Giovanni)

767 — Le Char de la Nuit, d'après le Guerchin.
Très-belle épreuve avant la lettre (lettres tracées).

VOSTERMAN (Lucas)

767 bis — Trois Anges pleurant à la vue du corps mort de Jésus-Christ descendu de la croix et étendu sur les genoux de la Vierge, d'après Van Dyck.
Magnifique épreuve avant la troisième ligne : *Per illustri...*, etc., qui se trouve au-dessous des six vers. Extrèmement rare.

768 — Chute des Anges rebelles, d'après Rubens (Basan, 1 des sujets de l'Ancien Testament).
Superbe épreuve, portant au verso la signature de *P. Mariette 1669* et provenant de la collection Gawet.

769 — Loth sortant de Sodome, d'après Rubens (Basan, 3 des sujets de l'Ancien Testament).
Belle épreuve, avec le *cum privilegijs*, etc.

770 — Job tourmenté par sa femme et par les diables. (Basan, 7 des sujets de l'Ancien Testament).
Très-belle épreuve.

771 — Nativité, d'après Rubens (Basan, 5 des sujets du Nouveau Testament).
Belle épreuve.

772 — Nativité, d'après Rubens (Basan, 7 des sujets du Nouveau Testament).
Très-belle épreuve.

773 — Adoration des Rois, d'après Rubens (Basan, 23 des sujets du Nouveau Testament). Ce morceau est un des plus beaux de l'œuvre de Vosterman.
Superbe épreuve avec le *cum privilegijs*, etc.

774 — Le Retour d'Égypte, d'après Rubens (Basan, 30 des sujets du Nouveau Testament).
Très-belle épreuve. Collection Vanden Zande.

775 — La Descente de croix, d'après Rubens (Basan, 99 des sujets du Nouveau Testament).
Très-belle épreuve du premier état, avant les adresses de G. Huberti et de Corn. Van Merlen. Rare.

776 — L'Apparition des Anges aux saintes femmes, d'après Rubens (Basan, 111 des sujets du Nouv.-Test.)
Très-belle épreuve.

777 — Saint François d'Assise recevant les stigmates d'après Rubens (Basan, 9 des sujets de Saints).
Superbe épreuve.

778 — La Bataille des paysans, gravée sur un dessin de Rubens, d'après Pierre Breughel (Basan, 59 des sujets allégoriques).
Superbe épreuve. Collections Debois et Vanden Zande.

779 — Isabelle d'Est, marquise de Mantoue (Basan, 29 des portraits).
Très-belle épreuve. Collection Gawet.

780 — Saint Georges terrassant le dragon, d'ap. Raphaël.
Très-belle épreuve. Collection Donadieu.

781 — La Vierge du rosaire, d'après Michel-Ange Amerighi, dit *le Caravage*.
Superbe épreuve. Collection Vanden Zande.

782 — Jésus en prière au jardin des Oliviers, d'après Annibal Carrache.
Très-belle épreuve.

783 — Sainte Marie-Madeleine couchée, d'après Gérard Seghers.
Belle épreuve. Collection Robclot.

784 — Saint François d'Assise expirant entre les bras des anges, d'après G. Seghers.
Très-belle épreuve, provenant de la collection Gawet.

785 — Saint François d'Assise, d'après Jean Vander Goes.
Belle épreuve.

786 — Charles-Quint, empereur d'Allemagne, d'après le Titien.
Très-belle épreuve, avec l'adresse de *P.-P. Rubens excud. Cum privilegys*.

786 bis. — Thomas Morus, d'après Holbein.
Superbe épreuve. Rare.

787 — Const. Hugenius, d'après J. Livens.
Belle épreuve, avec l'adresse de *Martinus Vanden Enden excudit*.

788 — Aloysius Contareno, orateur vénitien.
Belle épreuve.

WILLE (Jean-Georges)

789 — Agar présentée à Abraham par Sara (L. B. 1).
Très-belle épreuve du premier état, avant la lettre et les armes.

790 — La Récureuse (L. B. 16). — Le Moulin à eau (L. B. 47).
Deux pièces.

791 — Le Concert de famille, d'après G. Schalken (L. B. 54).
Très-belle épreuve avant la lettre.

792 — La même estampe.
Très-belle épreuve avec la lettre.

793 — La Tante de Gérard Dow, d'après Gérard Dow (L. B. 60).
Belle épreuve avant la lettre. Elle a toute sa marge.

794 — La Bonne femme de Normandie, d'après P. A. Wille (L. B. 71).
Très-belle épreuve d'un état non décrit, avant toutes lettres, avant la bordure et avant le nom de *Wille*. Extrèmement rare. Collection Thorel.

795 — Sœur de la bonne femme de Normandie, d'après le même (L. B. 72).
Très-belle épreuve avant la lettre. Elle a une belle marge.

WITDOUC (Jean)

796. — Melchisedech ayant béni du pain et du vin, les présente à Abraham, d'après Rubens (Basan, 10 des sujets de l'Ancien Testament).

Superbe épreuve.

797 — Adoration des Rois, d'après Rubens (Basan, 18 des sujets du Nouveau Testament).

Très-belle épreuve.

798 — Élévation en croix, d'après Rubens. Belle pièce gravée en trois feuilles (Basan, 78 des sujets du Nouveau Testament).

Superbes épreuves non assemblées. Très-rare. Collection Vanden Zande.

799 — Le même sujet.

Belle épreuve; les trois feuilles sont assemblées. Collection Robelot.

800 — Jésus-Christ au tombeau, d'après Rubens (Basan, 106 des sujets du Nouveau Testament).

Superbe épreuve, avec l'adresse de *Joan Witdoeck excud.* cum gratia et priuilegio Regis, J. de Berti.

801 — Assomption de la Vierge, d'après Rubens (Basan, 8 des sujets de Vierges).

Très-belle épreuve, avant l'adresse de *Corn. Van Merlen.* Collection Robelot.

802 — Saint Ildephonse recevant une chasuble des mains de la Sainte-Vierge (Basan, 31 des sujets de Saints).

Très-belle épreuve.

WOOLLETT (William)

803 — *The Death of general Wolfe* (la Mort du général Wolfe), d'après B. West.

Très-belle épreuve avant la lettre; seulement le titre, les noms d'auteurs et la publication tracés.

804 — *The Batle at La Hogue* (la Bataille de La Hogue), d'après B. West.

Très-belle épreuve avant la lettre; seulement les armes, le titre, les noms d'auteurs et la publication tracés.

805 — La même estampe.

Magnifique épreuve.

806 — *Jacob and Laban* (Jacob et Laban), estampe, d'après Cl. Lorrain, connue sous le nom du *Grand-Pont*.

Très-belle épreuve avant la lettre; seulement les armes, les noms d'auteurs et la publication, en 1783, tracés à la pointe.

807 — *The Jocund Peasants* (les Paysans joyeux), d'après C. Dusart.

Belle épreuve avant la lettre.

808 — *The Fishery* (la Pêche).

Très-belle épreuve.

809 — Paysage, d'après G. Poussin.

Superbe épreuve. Collection Gawet.

810 — Niobé, d'après R. Wilson.

Ancienne épreuve.

LIVRES SUR LES BEAUX-ARTS

811 — Le Peintre-Graveur, par Adam Bartsch. *A Vienne, de l'imprimerie de J. V. Degen, 1803-1821*; 21 vol. in-8, d.-rel. en v.

Bel exemplaire.

812 — Catalogue raisonné de toutes les estampes qui forment l'œuvre de Rembrandt et ceux de ses principaux imitateurs, par Adam Bartsch. *Vienne, chez A. Blumauer, 1797*; 2 vol. in-8, d.-rel. en v.

813 — Catalogue raisonné de toutes les estampes qui forment l'œuvre de Rembrandt, et des principales pièces de ses élèves, avec un supplément, par le chevalier de Claussin. *Paris, de l'imprimerie de Firmin Didot, imprimeur du roi, 1824*; 2 vol. in-8, broc.

814 — Voyage d'un iconophile, par J. Duchesne aîné. Paris, 1834; 1 vol. in-8, cart.

815 — Description des estampes exposées dans la galerie de la Bibliothèque Impériale, par J. Duchesne aîné. Paris, 1855.

816 — Manuale del raccoglitore e del negociante di stampe contenente le stampe antiche e moderne, compilato da Franc. Santo Vallardi. Milano, 1843.

817 — Catalogue raisonné de la précieuse collection de dessins et d'estampes, formant le cabinet de M. Ch. Van Ultem. Gand, 1846.

818 — Catalogue des livres provenant des bibliothèques du feu roi Louis-Philippe. Paris, 1852.

819 — Catalogue illustré de la collection des dessins croquis de J.-J. Granville. Paris, 1853.

— 102 —

820 — Catalogues des tableaux formant les célèbres collections Espagnole et Standish, de feu le roi Louis-Philippe. Londres, 1853; 2 part.

821 — Catalogue de la riche collection d'estampes et de dessins composant le cabinet de feu M. F. Vanden Zande. Paris, 1855.

822 — Catalogue de la curieuse et intéressante collection composant le cabinet de feu M. le baron Charles de Vèze. Paris, 1855.

823 — Catalogue de la collection d'estampes anciennes provenant du cabinet de M. H. de L. (de Lasalle). Paris, 1856; avec les prix.

824 — Catalogue de la collection d'estampes et livres, composant le cabinet et la bibliothèque de M. A. Busche. Paris, 1857; 2 part.

825 — Catalogues de la collection d'estampes anciennes et modernes, du cabinet de M. Martelli de Florence. Paris, 1858; 3 part.

826 — Catalogue de la très-belle collection d'estampes anciennes provenant du cabinet de M. D. de A... (d'Arozarena). Paris, 1861; avec les prix.

827 — Catalogue de la belle collection d'estampes anciennes provenant du cabinet de M. H. D. (Dreux). Paris, 1661; avec les prix.

828 — Catalogues d'estampes, dessins et livres, provenant des cabinets de MM. Alger, Quatremère de Quincy, Thorel, Visconti, Callet, Maurel, Joyant, Busche, Forster, P. Delaroche, R. Dumesnil et autres.

Renou et Maulde, imprimeurs de la Compagnie des Commissaires-Priseurs, rue de Rivoli, 144.   17572

www.ingramcontent.com/pod-product-compliance
Lightning Source LLC
Chambersburg PA
CBHW070307100426
42743CB00011B/2386